Claude BERTHET
CHEF DE BATAILLON TERRITORIAL

ÉTAPES ET COMBATS
D'UN
Régiment de Marche en 1870

1re LÉGION DU RHÔNE

Souvenirs d'un Combattant

2e Édition illustrée

AUX ENFANTS DU RHÔNE

PARIS
LIBRAIRIE CHAPELOT
MARC IMHAUS ET RENÉ CHAPELOT, ÉDITEURS
1914

ÉTAPES ET COMBATS

D'UN

Régiment de Marche en 1870

Ire Légion du Rhône

Monument des Enfants du Rhône

Claude BERTHET
CHEF DE BATAILLON TERRITORIAL

ÉTAPES ET COMBATS

D'UN

Régiment de Marche en 1870

1re LÉGION DU RHÔNE

SOUVENIRS D'UN COMBATTANT

OSSIBUS EXORIARE ULTOR.
(Monument de Nuits)
QU'UN VENGEUR NAISSE DE
LEURS CENDRES.

PARIS
LIBRAIRIE CHAPELOT
MARC IMHAUS ET RENÉ CHAPELOT, ÉDITEURS
3o, Rue Dauphine, VIe (Même Maison à NANCY)
1914

*A la mémoire des légionnaires
tombés au champ d'honneur.*

PRÉFACE
DE LA PREMIÈRE ÉDITION

Ce livre a été écrit pour mes anciens compagnons d'armes, les survivants de la Ire Légion du Rhône, et, plus particulièrement, pour ceux de la 3e Compagnie du Ier bataillon aux côtés de qui j'ai fait la campagne.

Les uns et les autres retrouveront nos souvenirs communs dans des récits auxquels s'intéresseront peut-être aussi les fils de ces soldats improvisés qui, après nos premiers revers, luttèrent cinq mois encore dans les armées de la Défense nationale.

Je remercie les amis et les camarades, parmi lesquels l'imprimeur-éditeur, ancien légionnaire, de m'avoir aidé à fixer dans le texte et par l'image des souvenirs remontant à plus de quarante ans.

Claude BERTHET.

Février 1913.

NOTE
POUR LA SECONDE ÉDITION

Imprimée chez J. Poncet, *à Lyon, la première édition d'*Etapes et Combats, *aujourd'hui épuisée, n'a pas été mise en librairie. Elle a été employée à distribuer le volume aux anciens combattants, et à l'envoyer aux bibliothèques de la Ville et des principales communes du département du Rhône.*

Mais les élogieux comptes rendus de la presse lyonnaise ont attiré l'attention sur le livre, et c'est pour répondre aux demandes du public que l'auteur a cru devoir réimprimer son ouvrage.

Il y était d'ailleurs encouragé par les appréciations bienveillantes qui lui sont parvenues, parmi lesquelles il est fier de reproduire avec infiniment de reconnaissance les suivantes.

C. B.

« Le livre du Commandant Berthet est une précieuse contribution à l'histoire de Lyon et de la campagne de 1870.

« Il est plein de faits intéressants, vécus, et très agréablement écrit. Je l'ai lu avec le plus grand plaisir. Il fait honneur à son auteur dont la belle figure militaire se détache sous forme d'énergie, de son récit très vivant et très sincère.

« *11 mai 1913*.

« *Général de* LACROIX. »

(Ancien Vice-Président du Conseil supérieur de la Guerre.)

« Mon cher Commandant,

« J'ai enfin trouvé le temps de lire votre bon, votre excellent ouvrage. Ce sont ces ouvrages-là sur lesquels on se basera pour écrire l'histoire véritable que tant de gens ont intérêt à dénaturer aujourd'hui.

« *Vous avez fait une bonne œuvre. Vous avez cultivé le souvenir et montré aux jeunes gens ce qu'on peut, ce qu'on doit faire quand on a l'amour de la patrie, le culte du devoir, le cœur bien à sa place. Aussi, je ne me suis pas contenté de lire votre ouvrage, puis de le ranger dans ma bibliothèque. Je l'ai prêté à quelques patriotes, à des jeunes gens aussi, à ceux qui ne demandent qu'à entrer dans la carrière et à y trouver la trace de leurs aînés.*

« *Encore une fois donc merci, pour les bons moments que vous m'avez procurés.*

« *Très cordialement à vous,*
« *9 août 1913.*

« *Général H. CREMER.* »
(Commandant le Ier *corps d'armée, Frère du Général de la Défense nationale.)*

« *Mon cher Commandant,*

« *Excusez-moi d'avoir tant tardé à vous remercier de votre ouvrage; si je ne l'ai pas fait plus vite, c'est que je tenais préalablement à le* lire. Je l'ai donc lu avec attention et avec un intérêt toujours croissant, et je ne saurais trop vous en féliciter. Le style est clair et concis, ce qui en facilite beaucoup la lecture, et le fond vaut la forme.

« Grâce à vous, bien des choses qui, pour moi, étaient jusqu'à présent restées nébuleuses dans cette triste campagne de l'Est, sont maintenant éclaircies et, pour ce qui concerne particulièrement la Ire Légion du Rhône, elle mérite largement que son journal de marches et combats ait été mis ainsi à la portée de tous, car il l'honore grandement. Elle s'est, en toutes circonstances, montrée comme un corps d'élite, dont l'histoire ne peut avoir qu'une excellente influence sur le moral des jeunes générations lyonnaises qui tiendront, à l'occasion, à marcher dans les traces de leurs aînées.

« Je vous suis particulièrement reconnaissant de ne pas m'avoir oublié, et d'avoir eu la gracieuse pensée de m'envoyer votre livre, qui prendra une bonne place dans ma bibliothèque militaire et que je relirai bien volontiers.

« Merci donc de tout cœur, mon cher Commandant, et croyez bien aux sentiments très cordialement dévoués que je vous garde.

« *15 mai 1913*.

« *Général GAILLOT.* »
(Ancien Commandant du département du Rhône.)

―――

« *Monsieur et honoré Commandant,*

« *J'ai lu avec infiniment de plaisir et d'émotion votre livre* « Etapes et Combats ». *Il évoque une douloureuse et pourtant consolante époque. On vivait alors, puisqu'on savait mourir. La I*^{re} *Légion du Rhône a prouvé la vaillance du sang français. Son historien est excellent.... Je suis tout prêt à dire tout haut ce que je pense de votre patriotique livre.*

« *Votre tout dévoué,*
« *29 juin 1913.*

« *Jules CLARETIE.* »
(Membre de l'Académie Française.)

―――

« *Bien vifs et cordiaux remerciements pour l'envoi de votre ouvrage patriotique, émouvant par les beaux souvenirs qu'il évoque de nos braves Lyonnais de la Ire Légion du Rhône.*

« *Votre bon livre vient à son heure.*

« *17 mai 1913.*

« *Ed. AYNARD.* »
(Membre de l'Institut, Député du Rhône.)

ÉTAPES ET COMBATS

D'UN

Régiment de Marche en 1870

PREMIÈRE PARTIE
FORMATION ET DÉPART

I. — Lyon. — Saint-Genis.

Après les défaites de l'armée impériale et l'effondrement de l'Empire dans le désastre de Sedan, il ne restait plus à la France, en septembre 1870, comme forces militaires organisées, que l'armée du général Vinoy sous Paris, quelques régiments de mobiles à peine formés, et les héroïques troupes de Gravelotte, Borny, Saint-Privat, immobilisées autour de Metz, jusqu'au jour prochain où la trahison de Bazaine allait les livrer à l'ennemi.

Une loi du 10 août 1870 avait bien prescrit la levée de tous les célibataires valides de 25 à 35 ans; mais le Gouvernement impérial s'était borné à rappeler seulement les anciens soldats compris dans cette catégorie. Ce fut la République qui acheva d'appliquer la loi.

Conscient de sa lourde responsabilité en face de la situation terrible du pays, le Gouvernement de la Défense nationale poursuivit fiévreusement la création de régiments nouveaux et la reconstitution de notre matériel de guerre.

Un décret de la Délégation de Tours, en date du 1er octobre, prescrivit pour notre département la création d'un régiment de marche comprenant trois bataillons d'infanterie, à six compagnies de cent cinquante hommes, et une compagnie du génie. Le régiment prenait le nom de *Ire Légion du Rhône;* il lui était adjoint une batterie d'artillerie de six pièces de 9, système Armstrong, et quatre sous-officiers éclaireurs montés. L'ensemble représentait un effectif d'environ trois mille hommes. L'armement donné à l'infanterie était le fusil Chassepot, de provenance anglaise comme les canons.

On constituait ainsi une demi-brigade pou-

Colonel CELLER

vant, avec ses propres moyens, marcher et combattre isolée, formation que les besoins du moment justifiaient d'ailleurs dans le désarroi général.

*
* *

L'organisation en fut confiée à un distingué officier du corps d'Etat-Major, le capitaine Celler, promu peu après au grade de chef d'escadron et nommé colonel à titre provisoire.

D'origine lorraine, cet officier était né en 1832, à Fonteny, bourgade de l'arrondissement de Château-Salins, dans la partie de l'ancien département de la Meurthe aujourd'hui annexée. Il était depuis assez longtemps en garnison à Lyon, où son frère, ingénieur des Ponts et Chaussées, dirigeait, en 1870, le service de la Voirie municipale.

Bon organisateur et, avant tout, patriote et homme du devoir, il avait apporté tous ses soins, toute son activité, toutes ses connaissances spéciales dans l'accomplissement de la tâche difficile dont on le chargeait, et on verra, par la suite, qu'il sut remarquablement la mener à bien.

Son caractère à la fois ferme et bienveillant, son expérience militaire en faisaient un chef aussi écouté de ses supérieurs qu'obéi et aimé de ses soldats. Ce sont toutes ces qualités réunies qui le firent choisir pour la mission importante à laquelle l'appelait le Gouvernement, et que, malheureusement, sa mort glorieuse au combat de Nuits l'empêcha de remplir jusqu'au bout.

Il repose au cimetière de Loyasse, sous un monument portant sa martiale figure sculptée dans un médaillon de marbre, et que la municipalité lyonnaise a élevé à sa mémoire en même temps qu'à celle des officiers et légionnaires tombés au champ d'honneur.

*
* *

Menacée directement par l'invasion, en raison de sa position géographique et de l'importance que la stratégie de l'ennemi attachait à son occupation, la ville de Lyon prenait d'actives mesures de défense.

Malgré des tentatives d'émeutes, d'ailleurs vite réprimées, suscitées par les éléments de désordre qui surgissent à chaque convulsion politique ou sociale, le moral de l'immense majorité de la population restait intact. Inspirés de leur ardent patriotisme, les Lyonnais n'étaient préoccupés que du danger national et des moyens d'y faire face.

Reflet du sentiment général, la municipalité ayant à sa tête, comme maire, le vénéré docteur Hénon, votait, dès le mois de septembre, un emprunt de guerre de dix millions, tant pour des achats d'armes et des travaux de défense, que pour constituer des approvisionnements en prévision d'un siège. Une partie des dépenses ainsi assurées représentait une grosse avance faite à l'Etat.

De son côté, le nouveau Préfet, investi de pouvoirs extraordinaires, donnait une impulsion vigoureuse à la réorganisation des forces militaires de la région. C'est ainsi qu'avant même la promulgation du décret du 1er octobre, il avait déjà, par application de la loi du 10 août précédent, préparé les voies en vue de hâter la formation des régiments à créer.

*
* *

Le recrutement de la Ire Légion devait se faire sur tout le territoire du département du Rhône, parmi les célibataires de 25 à 35 ans. Mais à Lyon, notamment, à côté des hommes légalement appelés, des volontaires plus jeunes, d'autres ayant dépassé l'âge, vinrent spontanément demander leur inscription sur les contrôles; si bien que, le 5 octobre, l'effectif à fournir par le contingent de la ville était complet.

Dès le lendemain, un casernement provisoire, le Grand-Séminaire évacué, reçut les hommes qui, à partir de ce moment, touchèrent une solde et furent astreints aux appels.

Ils étaient exercés par des cadres qu'eux-mêmes avaient désignés, en prenant soin de porter leur choix autant que possible sur d'anciens sous-officiers. La plupart des officiers ainsi nommés avaient fait campagne, en Crimée, en Italie, en Afrique ou au Mexique.

Quelques jours après, les compagnies recrutées à Lyon furent dirigées sur Saint-Genis-Laval, où elles occupèrent les bâtiments devenus libres des Frères Maristes. C'est dans ce casernement que se compléta l'organisation et qu'arrivèrent successivement les contingents fournis par les campagnes.

L'uniforme adopté, tout en drap noir, se composait d'une tunique à deux rangées de boutons et à col rabattu, sans épaulettes, d'un pantalon avec passe-poil rouge, d'un képi de drap du fond du costume passe-poilé de rouge, et d'une capote que nous ne reçûmes qu'en décembre.

Les officiers portaient une vareuse fermée par des brandebourgs noirs, avec insignes de grade en cercle autour des manches.

Enfin, chaque compagnie était pourvue de deux clairons qui, réunis pour les dix-huit compagnies, constituaient la fanfare du régiment.

Habillement et équipement se distribuaient chaque jour, au fur et à mesure des livraisons des fournisseurs. Ce travail compliqué, mené avec une rapidité ne permettant peut-être pas toujours d'assurer aux fournitures toutes les qualités nécessaires, prit à peine trois semaines. A elle seule, la préparation militaire eût exigé un temps beaucoup plus long; mais les circonstances étaient pressantes et, avant tout, il fallait être prêts le plus tôt possible.

Logés assez spacieusement dans les immenses bâtiments des Frères, entourés d'un beau clos en terrasse dominant le splendide panorama de la vallée du Rhône, les braves Lyonnais se plièrent de la meilleure volonté aux exigences de leur nouveau métier de soldat.

L'automne était beau, la température clémente. Les journées, trop brèves, étaient remplies par les exercices, les théories, les distributions de toute sorte. Quand ces multiples occupations le permettaient, les légionnaires se délassaient un peu le soir, avant le couvre-feu, en écoutant dans les chambrées des concerts improvisés par quelques camarades amateurs, dont plusieurs possédaient un réel talent.

*
* *

Entre temps, il avait été procédé à la nomination définitive, par voie d'élection, des officiers et sous-officiers de compagnie. Puis, l'autorité militaire présenta au corps d'officiers, pour le grade supérieur de chef de bataillon et les fonctions d'adjudant-major, six officiers, capitaine, lieutenants ou sous-lieutenants, détachés de l'armée régulière, échappés des premiers combats du début de la guerre et dont, par un vote, les officiers de la Légion ratifièrent le choix et les emplois.

Menés plus activement, depuis cette constitution des cadres de bataillon, les exercices nous avaient mis à même de manœuvrer de façon à peu près correcte, et, selon l'expression pittoresque et bien en situation du commandant Valentin, nous pouvions espérer « nous faire tuer proprement ».

*
* *

Un seul incident pénible marqua cette période. La veille du jour fixé pour le départ, un soldat, pris en flagrant délit de vol, fut amené sur le front du régiment réuni dans la cour de la caserne et promené devant les rangs, portant sur sa poitrine un écriteau avec le mot :

voleur! Le colonel avait pris sur lui cette mesure extra-légale, afin que le coupable ne fût pas assuré de la sécurité et du repos dans une prison pendant que ses camarades iraient au feu.

On prétendit plus tard, d'ailleurs à tort, rattacher à cet incident un autre fait très grave relaté au cours de ce récit.

*
* *

Grâce à l'activité et à la bonne volonté déployées par tous, gradés et soldats, la Ire Légion était à peu près prête à tenir campagne dès les premiers jours de novembre. En un mois, et bien que, dans cette hâte, il n'ait été possible de brûler que deux cartouches devant les cibles, on avait formé un régiment de 3.000 hommes bien armés et suffisamment exercés pour faire honorablement leur devoir, comme ils le prouvèrent plus tard.

Plusieurs fois, on parla de départ. Enfin, le 9 novembre, les officiers, avertis, préparèrent leurs cantines, chacun fit son paquetage du mieux possible, et le 10, un jeudi, par une belle matinée ensoleillée, la Ire Légion du Rhône, suivie de son artillerie et de son train régimentaire, descendait de Saint-Genis et arrivait à midi, clairons sonnants, sur la place Bellecour, pour être passée en revue et recevoir son drapeau offert par les Dames lyonnaises.

*
* *

D'abord peu nombreuse à cause de ce départ inopiné, la foule de parents, d'amis, de curieux venus apporter un adieu sympathique à ceux qui allaient combattre, ne tarda pas à grossir et à encadrer l'immense place, sur les côtés de laquelle se développaient les longues lignes des bataillons légionnaires dont l'uniforme sombre ajoutait encore à la gravité de la cérémonie.

Le spectacle était impressionnant, surtout par la dignité recueillie de toute cette population accourue pour voir, une dernière fois peut-être, des fils, des frères, des amis, soldats improvisés s'en allant résolument défendre la France envahie.

Et lorsque, après la remise solennelle du drapeau tricolore cravaté de rouge, après l'éloquente harangue du Préfet, M. Challemel-Lacour, commissaire extraordinaire du Gouvernement, et l'allocution pleine de conseils techniques du général de division aux officiers réunis au centre, les rangs s'ébranlèrent pour le défilé, un grand frisson patriotique courut dans la foule des spectateurs qui acclamèrent longuement les légionnaires.

En quittant Bellecour, la batterie d'artillerie, la compagnie du génie et le 3ᵉ bataillon, obligés de compléter leur organisation, regagnèrent Saint-Genis pour rejoindre quelques jours après. Seuls, les deux premiers bataillons se mirent en route, traversant la ville sous les applaudissements des habitants qui, des fenêtres, leur jetaient des fleurs.

Après une halte d'une heure à l'entrée de Vaise, employée à prendre au pied levé un peu de nourriture, la colonne alla coucher à Limonest.

Malgré la bonne humeur générale, le départ de Lyon ne s'était pas accompli sans laisser aux hommes une légère déception, particulièrement dans l'élément citadin composant la majeure partie de l'effectif. Le bruit s'était, l'on ne sait trop pourquoi, répandu que le départ définitif serait ajourné au lendemain matin, l'autorité militaire permettant aux soldats d'achever la journée en famille. L'ordre de quitter la ville surprit donc un peu tout le monde. Mais cette impression s'effaça vite, les plus raisonnables comprenant qu'il valait mieux, pour la discipline et le bon ordre, éviter à tous les effusions amollissantes d'une nouvelle séparation familiale.

Cette première étape, commencée le matin à Saint-Genis, avait été assez dure, les hommes n'étant pas suffisamment encore habitués au port du sac que, malgré les recommandations des officiers, beaucoup avaient surchargé de trop d'objets. Mais une nuit de repos répara cette fatigue et, le lendemain, dès l'aube, la colonne repartait allègrement.

II. — *Villefranche.* — *Triple exécution.*

Au temps où les belles routes de notre pays étaient fréquemment parcourues par les troupes changeant de garnison, on répétait volontiers dans les régiments cette phrase passée en proverbe : « De Villefranche à Anse, la plus belle lieue de France ». Le 11 novembre, de bonne heure, la Ire Légion dévalait des hauteurs de Limonest vers cette région privilégiée et, après la grand'halte à Anse, atteignait, à deux heures de l'après-midi, Villefranche, son étape, où l'attendait un lamentable épisode.

Peu après l'arrivée, les soldats étaient au repos dans leurs cantonnements lorsque, tout à coup, vers quatre heures, retentit la marche du régiment.

Information prise, il s'agit d'une mutinerie dans le 2e bataillon logé au couvent des Jésuites. Sous le prétexte d'un logement défectueux, les mutins se sont répandus dans la ville, puis portés devant l'habitation du colonel qui, en s'efforçant de rétablir l'ordre, a été gravement insulté. Aussitôt, des mesures sont prises pour enrayer la rébellion. Sous le commandement de son chef, le 1ᵉʳ bataillon arrête plusieurs mutins, et sa 3ᵉ compagnie va occuper la gare, où elle passera la nuit, afin de prévenir toute désertion.

Dans la soirée, la Cour martiale est convoquée. Elle se compose d'un chef de bataillon, président, de deux capitaines, d'un lieutenant et d'un sergent-major, ce dernier remplissant les fonctions de greffier. Ce tribunal improvisé, au pouvoir redoutable, se réunit au milieu de la nuit. Trois légionnaires comparaissent devant lui : deux sont les instigateurs de la mutinerie; le troisième a été arrêté au cours de la bagarre pour avoir, étant ivre dans la rue, menacé de sa baïonnette son caporal, un camarade, qui voulait lui faire réintégrer le quartier. La sentence rendue est impitoyable : tous trois sont condamnés à la peine de mort.

*
* *

Ce grave commencement de révolte, de nature à amener, s'il se fût étendu, la complète désorganisation du régiment et à compromettre peut-être, par la contagion de l'exemple, la création des formations nouvelles, ne pouvait qu'être promptement et sévèrement châtié.

Le 12, avant même que le jour paraisse, l'exécution se prépare. Appelées télégraphiquement, de nombreuses troupes, fournies par des corps de la ligne et de la mobile stationnés autour de Lyon, débarquent du chemin de fer, prêtes à réprimer, s'il était besoin, toute tentative d'opposition de la part des légionnaires. Ceux-ci, rassemblés sans armes, sont conduits, à neuf heures du matin, derrière le cimetière de la ville, lieu choisi pour l'exécution, et rangés en ligne sur trois côtés d'un vaste terrain, le mur du cimetière fermant le quadrilatère. Les troupes venues du dehors sont en armes et les enveloppent.

Amenés dans des fourgons, les trois condamnés sont placés à distance les uns des autres, en avant du mur, lui tournant le dos et regardant du côté des troupes. A quelques pas devant chacun d'eux, est un peloton d'exécution, le fusil chargé.

Les condamnés écoutent, impassibles, la sentence que va leur lire à tour de rôle, d'une voix très émue, le sergent-major greffier. Leur attitude, en somme, est assez ferme; l'un d'eux refuse même de se laisser bander les yeux et de s'agenouiller.

Tous ces préparatifs s'exécutent avec rapidité, dans le plus profond silence. Puis, tout le monde écarté, sur le signal de l'épée qu'abaisse chaque chef de peloton, trois salves de douze coups de fusil se succèdent à un court intervalle.

Aux deux premières décharges, deux corps s'affaissent, foudroyés; mais le troisième peloton, celui placé devant le condamné qui a voulu être fusillé debout et à visage découvert, a tiré en l'air.

L'homme a reçu la décharge sans broncher; la fumée dissipée, on l'aperçoit resté debout. Une balle seulement l'a atteint au bras. Il fait quelques pas vers le peloton en criant : « Je suis blessé, me fait-on grâce? »

Nous assistons alors à une scène poignante. De tous côtés, dans les rangs, sous le coup d'une émotion intense bien compréhensible, on crie : « Grâce! Grâce! » Cependant, il faut que force reste à la loi et que, pour l'exemple, la sentence soit inflexiblement exécutée. Aucun des chefs présents n'a d'ailleurs le droit d'en suspendre l'effet. Le chef de bataillon commandant la parade accourt à cheval et ordonne de recharger les armes. Ce que voyant, le condamné, courageusement résigné, retourne se placer de lui-même devant les fusils qui, cette fois, le couchent raide mort, non loin des deux autres cadavres.

On tire sur tous le coup de grâce. C'est fini.

Les troupes défilent ensuite devant les corps des trois fusillés. Ils sont là, étendus sur l'herbe souillée de taches rouges que fait autour d'eux le sang coulant des blessures. Sur d'eux d'entre eux, couchés la face contre terre, on aperçoit au milieu du dos le gonflement sinistre du drap de l'uniforme, déchiqueté par la sortie des balles.

Tristement, le régiment quitte le champ d'exécution pour regagner ses cantonnements. On commente la mort courageuse de l'homme fusillé deux fois, et l'on s'accorde à regretter la triste fin de ces malheureux qui, à en juger par leur attitude devant la mort, eussent pu faire de bons soldats.

Le spectacle tragique dont nous venons d'être témoins, laisse à tous une impression profonde. Ce terrible exemple a fait des légionnaires de vrais soldats, pliés désormais à une salutaire et forte discipline, qui se maintiendra au milieu des plus dures épreuves pendant toute la campagne.

DEUXIÈME PARTIE
CAMPAGNE DE LA CÔTE-D'OR

III. — *Camp de Chaudenay.*
Escarmouche vers Saint-Jean-de-Losne.
Besançon. — Dôle. — Beaune.

Le lendemain du drame de Villefranche tombait un dimanche. Le prolongement de notre séjour au milieu d'une population que l'événement avait fort émotionnée, n'était pas sans inconvénient. En outre, il y avait lieu d'échapper au plus vite à l'invasion de parents ou d'amis venant de Lyon apporter plus de doléances que de réconfort. La Légion fut donc embarquée en chemin de fer et dirigée sur Chagny, où elle arriva vers une heure de l'après-midi. Elle traversa Chagny, bondé de troupes, parmi lesquelles de pauvres diables de mobiles, mal équipés, chaussés de sabots et pataugeant dans une boue noire. La Légion alla camper à six kilomètres plus loin, dans la vallée de la Dheune, près du village de Chaudenay.

Toute la contrée avait été mise en état de défense par des fortifications passagères dont quelques-unes s'élevaient près du camp. Nous approchions du théâtre de la guerre, ce que vint nous confirmer une distribution de cartouches le jour même.

Ce premier campement avec les travaux que comportait son installation, le dressage des petites tentes, la préparation des feux, la cuisine en plein air, toute cette vie nouvelle qui ne manquait pas de pittoresque, intéressait les hommes, et ils se débrouillèrent assez vite.

La première nuit se passa bien. Le 14, au réveil, nous eûmes le spectacle peu banal du défilé ininterrompu pendant six heures, sur la route longeant le camp, d'un corps d'armée de 35.000 hommes venant de Besançon et allant grossir l'armée de la Loire.

Ce même jour, le 3ᵉ bataillon et la compagnie du génie rejoignirent.

Une pluie persistante survenue la nuit suivante ayant rendu le camp impraticable, les tentes toutes ruisselantes d'eau furent pliées le 15 au matin, et le régiment partit pour Verdun-sur-le-Doubs, traversant un pays d'aspect agréable, mais où l'accueil fait aux soldats, par une partie de la population, laissait parfois à désirer.

*
* *

Placés sous les ordres du général Crouzat, nous recevions mission de surveiller les passages du Doubs, entre Verdun et Besançon, de concert avec les mobiles du Jura et un bataillon du 84° de marche.

A cet effet, les trois bataillons de la Légion étaient répartis sur les divers points à surveiller, ce qui, au cours de reconnaissances, permit au 2° bataillon d'entrer en contact avec les Prussiens, du côté de Saint-Jean-de-Losne. Dans deux petites rencontres, l'ennemi eut un certain nombre de blessés et dut abandonner plusieurs morts; nous n'eûmes, de notre côté, que deux blessés et un disparu.

Ce premier contact obligea les Allemands à plus de circonspection dans leurs réquisitions sur le pays. Ils se retirèrent derrière la Saône.

***

L'étape suivante, accomplie en remontant le Doubs sur la rive gauche, au milieu d'une contrée marécageuse enveloppée de brouillards, nous amenait, le 16, à Pierre. La Légion y recevait l'hospitalité dans un château de grand aspect, situé au milieu d'un beau parc et entouré de fossés pleins d'eau.

Nous en repartions le lendemain pour aller coucher à Deschaux en passant par Chaussin. Le pays est boisé. Les villages traversés ont l'aspect assez misérable avec leurs toits démesurés descendant jusqu'au sol. Sur le seuil des maisons, des gardes mobiles nous regardaient passer d'un air indifférent.

Le 18, la Légion, quittant la vallée du Doubs, remontait la vallée de la Loue, traversait Mont-sous-Vaudrey, où l'on se montrait la résidence d'été du futur Président de la République, Grévy, alors simple avocat, et allait coucher à Villers-Farlay. Le lendemain, les 1er et 3e bataillons étaient dirigés sur Quingey, dernière étape avant Besançon; le 2e bataillon restait détaché auprès du colonel qu'une indisposition retenait à Villers-Farlay.

Nous avions accueilli avec joie l'annonce d'une journée de repos à Quingey, dans un site charmant, sur les bords de la claire et jolie rivière de la Loue. Mais la matinée de notre arrivée fut absorbée par une revue et, dans l'après-midi, une pluie diluvienne, qui se prolongea durant la nuit, nous interdit toute flânerie extérieure.

Ma compagnie, la 3° du 1ᵉʳ bataillon, prenant la grand'garde ce jour-là, dut aller bivouaquer au-dessus du village par un temps affreux, trempant les hommes jusqu'aux os. Nous rentrâmes le lendemain couverts de boue, mais nous consolant en racontant aux camarades l'alerte comique provoquée, au plus fort de la pluie, par un malheureux chien cherchant à s'abriter, et dont l'apparition subite au milieu de la nuit profonde avait, sur l'appel de la sentinelle, fait prendre les armes à la grand'garde.

**

De Quingey à Besançon, la route s'accidente. On commence à découvrir les montagnes du Haut-Jura et du Doubs. A chaque détour, le paysage change. A droite, vers le sud, se dressent à l'horizon comme une haute muraille bleue, les monts fortifiés dominant Salins, sur lesquels, aux plans plus rapprochés, se découpent les contours bruns des coteaux boisés.

A mi-chemin, la route que nous suivons abandonne la riante vallée de la Loue et pénètre dans la vallée sinueuse du Doubs.

Enfin, à l'approche de la nuit, nous apercevons au milieu d'une brume de fumée, dans un cirque de montagnes sévères couronnées des murailles grises d'anciennes fortifications, les toits des maisons de Besançon. Nous entrons dans la ville par la porte Notre-Dame, terminant vers la rivière la double enceinte fortifiée. Cette porte franchie, le régiment défile par les rues principales jusqu'à la place Saint-Pierre où, les casernes étant bondées de troupes, on nous distribue des billets de logement chez l'habitant.

*
* *

Dans sa presqu'île formée par une boucle du Doubs, avec sa citadelle posée sur un rocher fermant l'isthme, sa double ceinture bastionnée enveloppant le faubourg, ses rues médiocrement alignées bordées de vieux hôtels aux pierres brunies par le temps, Besançon avait alors l'aspect un peu sombre. Mais il offrait quand même aux Lyonnais l'attrait de la grande ville, animée le jour, éclairée le soir, où nous retrouvions un peu de nos habitudes citadines. Nous visitâmes avec intérêt les deux principaux monuments : le palais Granvelle, ancien hôtel de belle architecture transformé en entrepôt, et la cathédrale bâtie au pied de la citadelle et à laquelle on arrive en passant sous un vieil arc-de-triomphe, ruine romaine appelée la Porte Noire.

L'impression produite par la bonne tenue et la conduite correcte des légionnaires avait, paraît-il, été des plus favorables, car le bruit courut un instant que le général commandant la Place voulait retenir le régiment. Il ne fut d'ailleurs pas donné suite à la combinaison et, le

24 novembre, la Légion quittait Besançon en chemin de fer pour être transportée à Dôle, non sans faire un grand détour par Arc-Senans, la ligne directe ayant été coupée par les Prussiens.

*
* *

Débarqués à Dôle et logés dans de vastes casernes de cavalerie édifiées au xviiie siècle, nous étions à peine installés qu'une alerte mit tout le monde sur pied. Une vigie, placée au haut du clocher très élevé de l'église, venait de signaler un corps prussien marchant sur la ville. Mais bientôt, la patrouille envoyée en reconnaissance rentrait avec des renseignements rassurants. Le corps aperçu n'était autre que notre 2e bataillon resté à Villers-Farlay, dont l'uniforme sombre avait occasionné la méprise. C'est ce même bataillon qui, déjà, avait eu l'honneur, le premier, de prendre contact avec l'ennemi.

A Dôle, nous pûmes voir de près, pour la première fois, notre batterie de six pièces Armstrong, canons d'acier pouvant efficacement répondre à l'artillerie allemande.

* * *

Poursuivant sa mission de surveillance le long du Doubs, la Légion se mettait en route, le 25, pour Chaussin, franchissait la rivière sur un pont protégé par quelques défenses, et traversait la pointe occidentale de l'immense forêt de Chaux, dont la plus longue allée n'a pas moins de cinq lieues.

Le lendemain, nous retournions coucher à Pierre, pour revenir, le 27, à Verdun-sur-le-Doubs où l'urbanité des habitants ne s'était guère améliorée, car il ne fallut rien moins que la menace du colonel d'installer de force, dans les maisons, ses soldats venant de faire étape par une pluie battante, pour obliger les paysans à ouvrir leurs granges où la troupe devait être logée.

Verdun-sur-le-Doubs avait été désigné comme point de concentration en vue d'une attaque sur Dijon, combinée avec l'armée des Vosges que commandait Garibaldi. Nous quittions donc Verdun le 28, pour pousser une pointe au nord, jusqu'à Auvillars et Bonnencontre.

* * *

A partir de leur entrée dans la Côte-d'Or, les troupes rencontrèrent auprès de la population bourguignonne un accueil contrastant du tout au tout avec celui des Verdunois, accueil d'autant plus chaleureux qu'on nous voyait marcher à l'ennemi. De tous côtés, les hommes, les femmes, accouraient sur notre passage, acclamant les soldats, remplissant leurs bidons des vins généreux de la contrée. Aux cantonnements, ces braves gens nous choyaient de leur mieux, et dans plus d'une chaumière, au risque de troubler un peu notre repos, ils veillèrent toute la nuit pour préparer la nourriture du lendemain aux soldats qu'ils hébergeaient.

Mais, à la suite de l'insuccès de l'attaque de Dijon par les troupes garibaldiennes, un contre-ordre arriva nous faisant rétrograder sur Beaune, non sans que ce retour subit en arrière ne nous attirât les quolibets des paysans qui nous avaient applaudis la veille.

Sous le coup d'un peu de fatigue et sous l'influence des excellents vins du pays, la colonne égrena quelques traînards que recueillait le 1ᵉʳ bataillon de la Légion fermant la marche, ce qui pouvait, à première vue, faire croire que tous ces traînards appartenaient au bataillon. Si bien qu'à l'arrivée à l'étape, à l'Abergement-de-Seurre, au lieu de cantonner comme le reste du régiment, le 1ᵉʳ bataillon dut, en punition, aller camper non loin de là, dans les grands prés plantés de houblonnières de la vallée de la Saône, tout humides encore d'une crue récente. Sous le piétinement des soldats circulant dans le camp, le terrain imprégné d'eau ne tarda pas à se transformer en un véritable cloaque.

Peu satisfaits de cette punition imméritée, les hommes se résignèrent cependant, se bornant, pour toute protestation, à acclamer chaudement le colonel quand, dans la journée, il vint inspecter l'installation, acclamations dictées par le chimérique espoir qu'il allait faire immédiatement lever le camp.

L'opération n'eut lieu que deux jours après.

Heureusement que, dès la première nuit, une forte gelée était venue durcir la boue et rendre le camp et ses abords plus praticables, jusqu'au moment de la reprise de notre marche sur Beaune, où nous allions coucher le 1er décembre.

De ce même jour, après avoir été un instant sous les ordres du général Crevisier, la Ire Légion passait sous ceux du général Cremer, son successeur dans le commandement de la brigade.

IV. — *Le Général Cremer.*

Parmi les nombreux généraux nommés à titre auxiliaire par le Gouvernement de la Défense nationale, la physionomie du général Cremer se détache avec une orginalité qui force l'attention et vaut qu'on s'y arrête.

Vivement critiqué par les uns, trop louangé peut-être par les autres, il est nécessaire, pour le juger impartialement, de s'en tenir aux résultats qu'il a obtenus pendant la campagne.

Né en 1840, à Sarreguemines, aujourd'hui ville allemande, il était lorrain, comme Celler. Elève de Saint-Cyr et de l'ancienne Ecole d'Etat-Major, Cremer fit avec le grade de lieutenant au 2ᵉ zouaves, la campagne du Mexique. Prisonnier à la capitulation de Metz, comme aide de camp du général Clinchant, il signa d'abord l'engagement qui lui donnait la liberté sur parole, puis, se ravisant, il rendit le lendemain son laissez-passer. Emmené en captivité, il réussit à s'évader, grâce à sa connaissance de l'allemand et, après mille péripéties, revint en France se mettre à la disposition du Gouvernement, qui lui confia le commandement de notre brigade et, plus tard, celui d'une division.

En le plaçant en face de subordonnés la veille encore ses égaux, son avancement exceptionnel et sa jeunesse l'obligèrent à imposer un peu rudement autour de lui l'autorité de son grade, ce qui ne fut pas sans lui attirer de persistantes rancunes. Sa sévérité en matière de discipline, les exemples qu'il dut faire, lui aliénèrent les sympathies de la population bourguignonne. Avec son caractère entier et tenace, il passa outre et poursuivit son rôle militaire en y apportant une fermeté, une énergie, et surtout une foi dans le succès qui, trop souvent, hélas! manqua aux chefs de cette époque.

Il se montra toujours recherchant l'action, tenant en haleine ses soldats improvisés, à qui il savait ainsi donner confiance en eux-mêmes. On le vit bien à Châteauneuf, à Nuits et, dans l'Est, à Chenebier où, sans un contre-ordre malencontreux, sa division atteignait Belfort.

Nos ennemis le jugeaient d'ailleurs à sa valeur, comme en témoigne le récit suivant fait à l'auteur de ces lignes par un ancien colonel d'infanterie.

Général CREMER

Le soir de Nuits, cet officier, alors capitaine au 57°, fait prisonnier à la prise de la gare, fut abordé par le général Werder qui, très affecté des pertes de sa division et discourant des résultats du combat, lui dit : « Votre jeune général m'a donné une leçon aujourd'hui.... »

Pendant la retraite de l'Est, Cremer ramena sa division sur Gex et, laissant son infanterie passer en Suisse, encloua ses canons et s'échappa avec sa cavalerie.

Après la guerre, la Commission de revision des grades l'ayant ramené à son ancien grade de chef d'escadron d'Etat-Major, il démissionna en termes très vifs qui le firent mettre à la réforme.

Victime des haines politiques de l'époque qui le rejetaient hors de sa carrière, il dut, pour se créer quelques ressources, s'occuper d'affaires commerciales. Il mourut à Paris, en 1876, à trente-six ans, découragé et oublié.

*
* *

Le jugement définitif de la postérité sur Cremer sera sans doute conforme à celui porté par le général Camps, officier de haute valeur, mort il y a peu de temps, et qui fut, en 1870, un de ses collaborateurs immédiats comme commandant l'artillerie de la division. Voici ce qu'il a écrit sur le vainqueur de Châteauneuf et de Chenebier :

« La valeur des troupes improvisées qui ont combattu à Nuits, leur discipline, leur ténacité sont l'œuvre bien personnelle de notre jeune général dont je salue respectueusement la mémoire. C'est grâce à son énergie, à son entrain, à son entente de la guerre, que la division a pu jouer un rôle considérable dans les événements de la fin de la campagne. Lorsqu'on écrira l'histoire impartiale, justice lui sera rendue. Il est regrettable, dans tous les cas, qu'il n'ait pas été plus conseillé et plus écouté, et qu'il n'ait pas eu à exercer un commandement plus important. Dieu veuille que, dans la prochaine guerre, nous ayons beaucoup de chefs de sa trempe et de sa valeur (1) ».

---

(1) Appréciation citée par le capitaine breveté ULMO, dans son *Étude historique sur le combat de Nuits.*

V. *Chansons de route.* — *Combat de Châteauneuf.*

On sait combien les chansons, ces fidèles compagnes du soldat, l'aident à supporter les fatigues de la route. L'étape est dure, le pas se ralentit, les hommes vont à l'abandon, ployés sous le poids du sac, traînant la jambe et buttant aux aspérités du chemin. Pour secouer leur torpeur, pour soulager leur lassitude, il suffit qu'un chant s'élève du milieu des rangs et domine de sa cadence la confuse rumeur de la cohue. Il gagne de proche en proche, bientôt toutes les voix s'y associent pour en marquer le rythme, en accentuer la mesure. Une transformation subite s'opère alors : les fronts se relèvent, les visages s'animent, les torses se redressent, les jarrets se tendent, la marche se régularise et l'on arrive plus dispos vers le gîte du soir.

Entre toutes les chansons de route à l'allure franche et vive que chantaient nos camarades plus alertes, une surtout dut son succès et sa popularité dans la Légion à l'incident de guerre dont le récit va suivre. Nous l'appelions : « *Les Fils de Châteauneuf* », du nom des premiers vers de ses couplets :

> Ce sont les Fils de Châteauneuf
> Qui, deux par deux, s'en allaient à la guerre...

L'incident qui popularisa ce chant, à l'air très entraînant, fut le combat victorieux livré le 3 décembre 1870, par la brigade Cremer, à une forte brigade badoise, aux abords d'un village bourguignon portant, comme la chanson, le nom de Châteauneuf.

*
* *

Le jour de notre arrivée à Beaune, la présence de cavaliers ennemis avait été signalée à Bligny-sur-Ouche, distant d'une vingtaine de kilomètres. Dès le 2 décembre au matin, la Légion recevait l'ordre de départ et, précédée de ses éclaireurs à cheval, se dirigeait par la route traversant Bouze sur Bligny, où elle arrivait vers onze heures, au moment où les derniers cavaliers allemands le quittaient après avoir coupé les poteaux télégraphiques.

Vue générale de Châteauneuf

La brigade badoise signalée, forte de six à sept mille hommes, sous les ordres du général Keller et à laquelle ces cavaliers appartenaient, avait été repoussée d'Autun par Garibaldi. Elle se disposait à renouveler l'attaque de cette ville quand le général en chef Werder, informé de la présence d'importantes forces françaises dans la région de Nuits, lui donna l'ordre d'abandonner son projet et de rétrograder sur Dijon.

Dès que Cremer eut connaissance de ce mouvement, il arrêta dans la soirée du 2, de concert avec ses officiers supérieurs et en s'inspirant des conseils du commandant Valentin, un plan d'offensive consistant à se porter rapidement sur la forte position de Châteauneuf, placée sur la ligne de retraite des Allemands, et à les y attaquer à leur passage.

Châteauneuf est situé, en effet, à l'entrée méridionale d'un défilé assez étroit, long de dix à onze kilomètres, au fond duquel passe la route que devaient forcément suivre les Badois se rendant à Dijon par Sombernon.

Le village est construit à l'extrémité d'un plateau dominant la vallée de cent cinquante mètres; il est entouré de bois se prolongeant assez loin sur le flanc et le sommet. Devant le castel aujourd'hui à demi ruiné qui donna son nom au bourg, règne une terrasse d'où la vue s'étend sur une grande partie du défilé et sur les vallonnements du côté d'Arnay-le-Duc.

Dans le bas, coupant de ce côté l'entrée du défilé, coule le canal de Bourgogne, au bord duquel, à la croisée du canal et de la route, se trouve le village de Vandenesse.

En exécution du plan d'attaque arrêté par Cremer, la Ire Légion est rassemblée, le 3, vers une heure du matin, sur la place de Bligny. Après une assez longue attente, elle se met en route avec son artillerie, suivie de la 2e Légion, d'un bataillon de mobiles de la Gironde, et de quelques francs-tireurs du Gard emmenant deux canons de montagne.

Une marche de nuit par la vallée de l'Ouche, nous amène, au petit jour, au pied du haut plateau boisé que couronnent, à son extrémité occidentale, les tourelles aiguës du castel de Châteauneuf. Ce nom, à tous familier, va porter bonheur à notre premier engagement sérieux, où la plupart d'entre nous recevront le baptême du feu.

Nous traversons le canal de Bourgogne que nous longions depuis quelque temps, et défilons devant le général Crémer, notre nouveau et jeune chef, — il avait alors trente ans, — arrêté à cheval, sa carte à la main, au bord de la route. C'est la première fois que nous le voyions. Sa figure sympathique, sa crâne allure et, par-dessus tout, sa jeunesse font une impression de confiance virile qui électrise tout le monde.

A ce moment, l'artillerie part en avant dans la direction de Châteauneuf. Nous suivons rapidement, aidant à pousser les dernières pièces lorsque, parvenus à mi-côte, un premier coup de canon ébranle l'air et fait courir un petit frisson dans les rangs. Les détonations se succèdent. Ce sont deux de nos pièces qui, mises en position sur la terrasse du château, viennent d'ouvrir le feu sur les Allemands campés à l'entrée du défilé, près de Vandenesse.

Surpris autour de leurs feux de bivouac, prêts à reprendre leur marche sur Dijon, ils font néanmoins bonne contenance et ne tardent pas à nous répondre avec vingt et une pièces. Leurs projectiles, d'abord mal dirigés, passent par-dessus le village et éclatent inoffensifs, nous faisant l'effet d'un feu d'artifice et effarant seulement quelques bêtes au pâturage. Mais leur tir se rectifie et bientôt les obus tombent près de nous.

Pendant ce temps, nous avons achevé notre ascension, non sans risque, car, à un moment donné, il a fallu défiler un à un, à découvert, devant les batteries des Prussiens qui, en nous voyant, précipitaient leur tir.

*
* *

Placés maintenant en soutien sur la terrasse du château, au-dessous de nos canons, nous apercevons là-bas, aux premières lueurs de l'aube, le camp des Badois tout en mouvement, semblable à une fourmilière bouleversée. Au-dessus, monte vers le ciel un panache de fumée, illuminé à chaque volée par l'éclair des pièces dont les obus passent en ronflant sur nos têtes.

Le tir de l'artillerie ennemie devenant plus précis, plusieurs projectiles atteignent la terrasse où nous sommes, nous couvrant de terre et blessant plusieurs soldats. Nous quittons la position pour engager la poursuite et pénétrons dans les taillis roux d'un grand bois que notre bataillon doit traverser jusqu'à une clairière où vient de se prononcer une contre-attaque. Mais le paysan servant de guide, effrayé par les coups de fusil, disparaît, et nous restons quelque temps au fond de cette solitude où, sans que l'on voie personne, la fusillade crépite, incessante, et où les balles sifflent de tous côtés, coupant autour de nous les branches d'un bruit sec.

Nous atteignons cependant la clairière, à travers laquelle, derrière de petits murs bas en pierre sèche, la lutte continue âprement contre les compagnies prussiennes envoyées sur le plateau pour couvrir la retraite.

Quatre de nos pièces Armstrong ont été portées à la lisière du bois; leurs obus fauchent des rangs entiers dans la colonne ennemie, dont l'artillerie, la cavalerie, les convois suivis de charrettes chargées de blessés, défilent au galop sur la route allant vers Sombernon.

Le combat contre les compagnies allemandes qui ont gravi le plateau, cherchant à nous tourner sur notre droite, nous reste favorable; ces compagnies, vivement repoussées, abandonnent un certain nombre de morts.

Enfin, après une lutte de plus de cinq heures, l'action cesse. Il est une heure et demie. Harcelé sur son flanc droit, poussé dans les reins par la 2e Légion venue de Sainte-Sabine, l'ennemi a néanmoins réussi à poursuivre sa route sur Dijon. Mais il perd dans la rencontre près de quatre cents hommes; nous lui faisons une centaine de prisonniers et nous nous emparons d'un convoi de vivres.

La Ire Légion, seule sérieusement engagée, a cinq hommes tués, vingt-cinq blessés dont quatre officiers, et laisse sur le terrain trois chevaux d'artillerie.

Sur le plateau où nous venons de combattre et que nous retraversons, gisent un certain nombre de cadavres Badois; l'un d'eux a sur la poitrine la médaille de Sadowa.

※※

Quittant le champ de bataille, nous essayons d'aller nous refaire dans le village de Châteauneuf; mais les réquisitions allemandes l'ont épuisé. Il nous faut donc revenir sur nos pas, et aller coucher à Sainte-Sabine et un peu plus loin, à Chazilly.

Quand nous nous éloignons, redescendant les pentes si lestement gravies le matin sous les obus, le ciel s'obscurcit et la neige commence à tomber. Les gros flocons se pressent, s'entassent, nivellent lentement le sol et éteignent le bruit. En un instant, la campagne est toute blanche. Notre colonne y déroule son long ruban sombre; elle se fond par degrés derrière le rideau de frimas qui l'enveloppe, où elle disparaît à l'approche de la nuit. C'est la première neige du terrible hiver que nous allons traverser.

※※

Au demeurant, pour le début de conscrits s'attaquant à des soldats aguerris, le combat de Châteauneuf fut un heureux succès propre à donner de l'assurance aux hommes. Des critiques, s'en tenant à la théorie pure, ont pu reprocher au général Cremer de n'avoir pas su tirer parti d'une position superbe comme celle de Châteauneuf, pour infliger un désastre à la brigade badoise qu'il attaquait. Le général s'est défendu, non sans raison, en invoquant l'inexpérience des troupes improvisées qu'il commandait. Les menant au feu pour la première fois, il voulait, afin de leur donner confiance en elles-mêmes, leur procurer un succès certain, ce succès fût-il moins complet qu'on ne l'eût désiré. L'avantage que ces troupes remportèrent produisit l'effet attendu; il eut d'ailleurs un assez grand retentissement dans toute la région.

La nouvelle en parvint à Lyon, le soir même du combat, par un télégramme du Sous-préfet d'Autun au Préfet du Rhône, qui en donna lecture au Conseil municipal réuni, lequel vota séance tenante des félicitations aux deux Légions.

Le général Cremer l'annonça le lendemain au général Bressolles, par la dépêche suivante :
« Battu près de Châteauneuf une colonne prus-

sienne de 7.000 hommes commandée par le général Keller. 400 Prussiens blessés ou tués, plus de 100 prisonniers, dont 4 officiers; un convoi de vivres et des armes pris. La Légion Celler a eu les honneurs de la journée. L'artillerie a bien débuté. Ennemi poursuivi jusque près de Sombernon. Nos pertes sont insignifiantes. »

VI. — *Séjour à Beaune.* — *Marche vers Dijon.*

Le lendemain du combat de Châteauneuf, les troupes y ayant pris part retournèrent à leurs précédents cantonnements. La Ire Légion retraversa Bligny sous les vivats de la population, pour faire étape à Bouze.

La municipalité de Beaune voulant, elle aussi, manifester aux combattants sa joie de leur victoire, avait décidé que la Garde nationale prendrait les armes pour recevoir solennellement, à leur retour en ville, la Ire Légion et le Bataillon de la Gironde.

C'est dans ces conditions que, le 5 décembre, emmenant avec nous nos prisonniers badois évacués peu après sur Lyon, nous rentrions à Beaune. Fiers de notre succès, les habitants nous accueillaient chaleureusement, et sans même attendre la distribution des billets de logement, ils venaient sur nos rangs chercher des soldats à héberger.

Notre séjour dans cette aimable cité se prolongea jusqu'au 10 décembre. Il se ressentit naturellement, durant ce temps, des généreux sentiments de sa sympathique population.

***

La ville, très riche au milieu de ses splendides vignobles, possède d'intéressants monuments : l'hôpital du Saint-Esprit, bâtiment de la Renaissance, d'une architecture fort originale avec ses galeries couronnées de combles élevés et de clochetons, l'ac de triomphe construit sur l'emplacement d'une porte fortifiée, de nombreux vestiges de chapelles, et ses anciens remparts, intelligemment conservés comme promenade, sous les arbres desquels, vers le faubourg Saint-Nicolas, le régiment se rassemblait pour l'appel journalier.

Nous employâmes une partie de nos cinq jours de stationnement à des reconnaissances dans les environs, sans toutefois arriver au contact avec l'ennemi, à ce moment assez éloigné.

Beaune fut d'ailleurs, pendant notre campagne dans la Côte-d'Or, le point central où nous revînmes encore à deux reprises, après la sanglante affaire de Nuits. L'hospitalité si cordialement affectueuse et réconfortante des Beaunois laissa le plus reconnaissant souvenir dans la mémoire des Lyonnais. Elle créa entre la seconde capitale de la Bourgogne et notre puissante cité industrielle, des liens précieux que resserrèrent plus tard la célébration de nos grands anniversaires patriotiques sur les champs de bataille bourguignons.

Vers le 9 décembre, le corps du général Cremer, que le commandement militaire de Lyon venait de porter à l'effectif d'une division à deux brigades (12.000 hommes), en le renforçant des 32ᵉ et 57ᵉ de marche et d'une batterie de 4, se trouvait échelonné entre Beaune et Nuits.

Le projet d'une attaque sur Dijon tenait toujours; mais il y fallait le concours de Garibaldi, et l'armée des Vosges, que son échec du

30 octobre et son effort à Autun avaient un peu désorganisée, n'était point encore prête.

On restait donc dans la position d'attente, en se bornant à de petites reconnaissances.

Une circonstance des plus fâcheuses empêchait, d'ailleurs, le général Cremer d'être suffisamment renseigné sur les intentions et les mouvements de l'ennemi. A la suite d'une divergence de vues entre le général et le colonel Bourras, commandant un groupe de Corps-francs, celui-ci retirait le 11 décembre ses compagnies chargées de surveiller au nord les environs de Nuits, et les reportait vers l'Est, sur Saint-Jean-de-Losne, à plus de vingt-cinq kilomètres, laissant la route de Dijon à découvert.

L'absence de cavalerie pour éclairer la division rendait plus dangereuse encore cette regrettable décision.

*
* *

Les corps de Francs-tireurs créés spontanément en 1870 après nos premières défaites, ne répondirent pas toujours aux espérances que, dans la crise nationale, on avait fondées sur eux. Composées d'éléments recrutés au hasard, indisciplinés, commandées le plus souvent par des chefs incapables agissant sans nulle coordination au gré de leur fantaisie, ces compagnies, dont les populations eurent maintes fois à se plaindre, durent, dès la fin de septembre, être mises par décret à la disposition du Ministre de la Guerre.

Celles stationnées autour de Nuits, si imparfaite que fût leur organisation, pouvaient cependant remplir utilement le rôle d'éclaireurs, et leur départ, dû à des froissements tout personnels, fut sévèrement jugé.

La veille de ce départ, la 1re Légion, suivie du Bataillon Girondin, était venue occuper Nuits. Dès le lendemain, 12, deux de ses compagnies se rendaient sur le plateau de Chaux, clé de la position. Le 13, le 1er bataillon tout entier allait cantonner dans le village, pendant que les deux autres bataillons opéraient sans résultat une reconnaissance vers l'Est, dans la direction de Saint-Bernard, où le général avait espéré surprendre les Allemands.

Le 15, la concentration de la division s'achevait par l'arrivée à Nuits d'une batterie de 4 de campagne du 9ᵉ d'artillerie, et du 32ᵉ de marche dont un bataillon montait à Chaux relever le 1ᵉʳ bataillon de la Légion.

VII. — *Combat de Nuits.*
(18 décembre)

Le massif montagneux le long duquel, à partir de Chagny, court la route nationale se dirigeant sur Paris, se termine en pentes assez brusques du côté de la plaine ondulée et en partie boisée formant la basse Bourgogne.

C'est au pied de ces pentes que, jusqu'aux environs de Dijon, se blottissent, au milieu des vignes, les villes et villages qui ont donné leurs noms aux grands crus bourguignons : Meursault, Volnay, Pommard, Beaune, Nuits, Romanée-Conti, Clos-Vougeot, Gevrey-Chambertin. La plupart de ces agglomérations sont à l'ouest de la route qu'accompagne parallèlement la voie du chemin de fer. Celle-ci, à partir de la gare de Nuits, s'enfonce dans une tranchée longue de près de trois kilomètres atteignant, en approchant de Vosne, jusqu'à cinq mètres de profondeur, et constituant à la ville un puissant fossé défensif.

En face de Nuits, la montagne à qui ses belles vignes ont valu le nom de Côte-d'Or, est coupée par un vallon étroit et profond, où coule la petite rivière du Meuzin traversant la ville à sa sortie de la gorge. Le plateau de Chaux limitant ce vallon au sud, commande d'environ cent soixante-dix mètres l'immense plaine, et défend Nuits contre toute occupation ennemie, comme l'avait démontré la journée du 30 novembre, où la 2ᵉ Légion avait repoussé une reconnaissance allemande.

***

L'ensemble de cette admirable position avait été remarqué par le général Cremer, et l'avait déterminé à choisir ce point comme base de son attaque projetée sur Dijon, opération toujours retardée par l'inaction de Garibaldi.

Cependant, il importait au général, dans sa situation d'expectative, d'être exactement renseigné sur les intentions de l'ennemi dont les mouvements devenaient de plus en plus inquiétants. C'est ce qui le décidait brusquement, le 17 dans la soirée, à prendre des dispositions pour une forte reconnaissance sur Gevrey, avec toute la 1ʳᵉ Légion, son artillerie et le Bataillon de la Gironde.

Les troupes furent, en conséquence, prévenues dans leurs cantonnements, à 9 heures du soir, d'avoir à être prêtes le lendemain 18, à cinq heures du matin. Elles devaient, pour alléger la marche, partir sans sacs.

D'après l'ordre arrêté, le 1ᵉʳ bataillon devait suivre la route jusqu'à Vougeot, puis prendre, à mi-côte, un chemin rural parallèle à la route. Les deux autres bataillons et l'artillerie devaient continuer sur la route, tandis que le Bataillon de la Gironde parti d'avance en flanc-garde, fouillerait les hauteurs.

Coïncidence singulière, presque à la même heure, le général Werder, commandant en chef des forces allemandes dans la région, qui, dès le 8 décembre, avait reçu du Grand Etat-Major l'ordre de disperser les rassemblements français au sud de Dijon, décidait, de son côté, un mouvement offensif avec une forte division de 15.000 hommes sous les ordres du général de Glümer. La colonne principale, commandée par le prince Guillaume de Bade et dirigée par Werder en personne, prenait dans la plaine par

Saulon-la-Rue; la seconde colonne, avec le général Degenfeld, suivait sur les hauteurs pour descendre vers Villars-Fontaine et prendre Nuits à revers par le vallon du Meuzin; sur la grand'route, une troisième colonne formée par le bataillon du commandant Unger servait de liaison.

*
* *

Depuis quelques jours, la température s'était radoucie; la neige tombée au début du mois avait fondu, et le dégel, en détrempant le sol, rendait plus pénible la marche dans les terrains complantés de vignes où, par ordre de Cremer, les échalas, souvent reliés par des fils de fer, avaient été laissés debout pour empêcher les incursions de la cavalerie allemande.

Le 18 décembre, un dimanche, à six heures du matin, par un temps brumeux qui ne tardait pas à s'éclaircir, nous quittions Nuits. A Vosne, un brusque écart de son cheval jetait à terre le commandant Valentin, ce qui amenait un instant de trouble dans la colonne. Le commandant, tout meurtri, était reconduit en ville.

Rejointe un peu plus loin par Cremer, la Légion atteignait, à neuf heures, les Baraques-de-Gevrey. Elle y rencontrait une demi-douzaine de dragons badois en éclaireurs, en tuait deux, en blessait trois et faisait le sixième prisonnier. Notre artillerie, en position dans le hameau, envoyait trois coups de canon au peloton de cavalerie venant derrière, qui tournait bride.

Le terrain déblayé, le général se disposait à nous faire prendre un peu de repos quand, de divers côtés, lui parvinrent des renseignements signalant l'ennemi en marche sur Nuits par trois colonnes. Il fallait donc, sans perdre de temps, se replier pour n'être pas coupés.

Vers onze heures et demie, la Légion, son troisième bataillon en tête, reprenait le chemin qu'elle venait de parcourir, et franchissait à une vive allure les onze kilomètres la ramenant à Nuits en même temps que le Bataillon de la Gironde. Le général gagnait les devants, afin de prendre les dispositions nécessaires avec son chef d'Etat-Major.

Mais celui-ci, le colonel Poulet, alarmé déjà par les coups de canon de Gevrey et par diverses indications d'habitants des villages voisins, avait, sans attendre, envoyé de bonne heure sur le plateau de Chaux, le 3ᵉ bataillon du 32ᵉ avec quatre pièces, rappelé la 2ᵉ Légion et une batterie cantonnées à Prémeaux, et télégraphié au 57ᵉ à Beaune l'ordre de s'embarquer en chemin de fer pour Nuits.

*
* *

A onze heures et demie, Cremer arrive, approuve les dispositions prises, et décide de se défendre sur la voie ferrée en se ménageant la retraite par le plateau de Chaux, que le commandant Valentin, souffrant encore de sa chute, prend l'initiative d'aller renforcer d'une centaine d'isolés rassemblés en ville.

Lorsque la reconnaissance rentre au pas gymnastique, l'attaque est déjà engagée contre les compagnies du 32ᵉ de grand'garde à Agencourt et à Boncourt. La Légion fait une courte halte sur la place de la Mairie, pour laisser reprendre haleine aux hommes.

Pendant ce repos, un spectacle inattendu nous est offert : un ballon du siège de Paris, reconnaissable à sa longue flamme tricolore, passe à un millier de mètres au-dessus de nos têtes, allant dans la direction du sud-est. On met à sa poursuite un sergent et deux hommes; mais ils l'ont bientôt perdu de vue. Nous sûmes plus tard qu'il s'agissait du ballon *Le Davy*, parti de Paris le matin même monté par un capitaine de francs-tireurs et un marin, et emportant de la correspondance. Entraîné par le vent hors de sa route, il atterrissait sur les bords de la Saône, au village de Fussey, dans une descente mouvementée avariant l'aérostat et blessant le marin qu'on ramenait à Beaune avec les débris de son ballon.

Après cet incident, qui nous a distraits un moment, nous sommes dirigés sur la tranchée du chemin de fer, où nous avons été précédés par un second groupe de légionnaires restés en ville pour les corvées, et qu'un capitaine a réunis et amenés.

Dès la sortie de Nuits, nous croisons quelques francs-tireurs, revenant désorientés, parmi lesquels se trouve une femme. Puis, nous rencontrons des blessés venant des grand'gardes et se traînant péniblement vers les ambulances.

Un premier mouvement porte notre ligne de tirailleurs au delà de la voie ferrée; mais cette position nous met trop en l'air, et l'ordre vient de retraverser le chemin de fer pour regagner nos soutiens. Nous nous établissons solidement avec eux le long de la crête de la tranchée, où une banquette naturelle forme un parapet protecteur.

La ligne de feu des Français s'étend ainsi du pont de Saint-Bernard jusqu'aux abords de la gare de Nuits, sur une longueur de trois kilomètres, dont la 1re Légion occupe, à partir de la gauche, plus des deux tiers.

En avant de nous, sous la poussée des forces allemandes, le 32e a dû abandonner successivement Boncourt et la Berchère, et se replier sur notre ligne. Dans cette première phase de la lutte, son chef, le lieutenant-colonel Graziani, a été mortellement blessé, mais il restera à son poste jusqu'au soir.

※
※ ※

Le long de la tranchée, la Ire Légion forme maintenant une chaîne extrêmement dense, dont le feu violent cause de grosses pertes à l'ennemi qui, dissimulé avec soin, gagne néanmoins lentement du terrain.

Quelques obus éclatent en arrière de notre ligne, sans causer grand dommage. Autour de nous, c'est un sifflement continu de balles s'enfonçant dans le sol humide avec un bruit mat, fauchant les échalas et, malgré le parapet qui les protège, atteignant trop souvent nos tirailleurs.

Dans le lointain, à travers la fumée qui décèle la position ennemie, nous apercevons une ligne sombre se mouvant vers le sud, au-dessus de laquelle le soleil fait scintiller des baïonnettes. Ce sont les réserves ennemies cherchant à nous tourner par la droite et à nous couper la route de Beaune.

A la fusillade assourdissante se mêle la voix grave du canon. Du fond de la plaine, trente pièces bombardent la ville et tirent sur nos batteries établies à mi-côte, le long du chemin

Théodore Lévigne, pinx.

COMBAT DE NUITS (18 décembre 1870).

montant à Chaux. Celles-ci répondent vigoureusement et, de leur position dominante, couvrent les réserves badoises d'obus qui y font de larges trouées. Disposée le long de la voie ferrée, notre infanterie combat ainsi presque toute la journée sous la trajectoire des projectiles des deux artilleries.

Malgré l'énergie de la défense, les masses allemandes progressent et se rapprochent.

Vers deux heures, le colonel Celler, inquiet de ne point voir paraître les renforts annoncés, s'est porté en ville pour y chercher la 2ᵉ Légion arrivant de Prémeaux. Il revient sur le champ de bataille, à la tête de quelques compagnies. Mais, à ce moment, le feu de l'ennemi est dans toute son intensité, l'espace à franchir est battu par les obus, sillonné en tous sens par les balles, et une partie des hommes amenés ainsi en pleine crise se dérobe. Le colonel lui-même, atteint à la poitrine, est emporté mortellement blessé (1).

---

(1) Une légende malveillante a prétendu attribuer la mort du colonel Celler à la vengeance de camarades du légionnaire voleur qu'il avait, à Saint-Genis, fait promener un écriteau sur la poitrine devant le régiment rassemblé. Les conditions dans lesquelles le colonel fut blessé démontrent l'absurdité

* * *

Sur la voie ferrée, la situation devient critique; les munitions s'épuisent et le ralentissement de notre feu est mis à profit par les Badois. Ils avancent toujours; nous les distinguons maintenant à moins de cent mètres, courbés et marchant par bonds au milieu des vignes. Bientôt, ils atteignent la tranchée, et nous nous fusillons d'un bord à l'autre. Sur certains points, on en arrive au corps à corps.

C'est à ce moment que notre capitaine reçoit à travers la figure une balle qui lui arrache un œil. On l'emmène, aveuglé par le sang, à l'ambulance. Plusieurs camarades tombent autour de lui. On lutte quand même avec un véritable acharnement.

Mais les Allemands viennent de s'emparer de la gare, dont ils ont cerné les défenseurs. Ils débordent notre droite, et leurs feux nous prennent en enfilade. La position n'est plus tenable,

---

d'une telle supposition. Il fut constaté, d'ailleurs, par l'examen de sa blessure, que le projectile qui l'atteignit était bien une balle prussienne.

il faut nous replier sur la ville. Il est quatre heures du soir.

Dans l'étendue de huit cents mètres qui nous sépare des maisons, aucun abri ne peut favoriser notre mouvement de retraite. La terre gluante des vignes et les échalas cassés ou renversés gênant leur marche, les hommes se jettent sur les chemins qu'ils encombrent bien vite, et où ils forment une cohue s'offrant aux coups de l'ennemi, qui la décime par son feu.

*
* *

Parvenus dans les rues de Nuits, nos compagnies, que le combat avait mélangées, réparent leur désordre et se reforment à la hâte en vue d'organiser la défense.

Le bombardement de la ville redouble alors, nous couvrant d'éclats et de débris des toitures effondrées, et allumant des incendies sur plusieurs points. Nous nous sommes battus toute la journée sans rien prendre : nous sommes harassés et mourants de soif. Quand nous traversons les rues, de braves habitants nous tendent à boire en entr'ouvrant leurs portes.

D'instinct, nous remontons du côté de l'entrée nord de la ville, lorsque arrivent au pas gymnastique — trop tard, hélas! — deux compagnies du 57ᵉ se dirigeant aussi vers la route de Dijon (1). Nous mettons baïonnette au canon et nous élançons à leur suite. Mais, aussitôt les dernières maisons dépassées, un ouragan de balles nous arrête; elles crépitent et s'écrasent avec un bruit de grêle sur le mur de la propriété Marcy-Monge, bordant le côté gauche de la route. Nous nous jetons en tirailleurs dans le fossé du côté opposé, pendant que les compagnies du 57ᵉ se portent vers le cimetière, où elles contiennent un moment l'attaque des Badois, dont les feux de peloton craquent sinistrement dans le crépuscule qui tombe.

* * *

Enfin, toute continuation de la résistance étant jugée impossible et la nuit approchant,

---

(1) Le matériel de chemin de fer qui, d'après les ordres donnés le matin, devait transporter ce régiment, était en grande partie à Chagny, d'où il fallut le faire venir. Si le 57ᵉ avait fait son trajet à pied, sans attendre, il eût pu être sur le champ de bataille deux heures plus tôt, ce qui changeait la face des choses.

la retraite est ordonnée sur Chaux. Le plateau est, en effet, resté heureusement en notre possession, les troupes qui l'occupaient dès le matin et le défendirent avec vigueur, ayant mis en déroute la colonne Degenfeld, laquelle avait mission de s'emparer de la gorge du Meuzin pour prendre à revers les troupes françaises combattant sur la tranchée du chemin de fer.

Notre retraite s'effectue sans être sérieusement inquiétée, les Allemands ayant eux-mêmes été trop éprouvés pour chercher à nous poursuivre. Ils se sont bornés à occuper la place et les abords de la Mairie; de là, leur fusillade enfile les rues aboutissantes par où nos troupes s'éloignent.

Nous nous engageons sur le chemin qui monte à Chaux. A mesure que nous nous élevons, nous découvrons mieux la ville de Nuits, où les incendies allumés par les obus ennemis illuminent l'espace. La ferme de la Berchère flambe au loin et, du côté de Beaune, on entend quelques coups de fusil des avant-postes badois.

En passant devant l'emplacement qu'occupaient nos batteries, nous entrevoyons vaguement, dans l'obscurité, des débris d'affûts et des chevaux étendus sur le sol. L'une de ces bêtes n'est point encore morte, elle soulève lentement sa tête à notre passage et semble implorer notre aide.

Quand nous atteignons le plateau, la nuit est close depuis longtemps.

Le service d'ambulance des deux armées n'a pu qu'imparfaitement suffire à sa tâche, en raison de l'importance des pertes subies de part et d'autre, et de la prolongation de la lutte jusqu'à la chute du jour. Les blessés ont dû être enlevés à la lueur des torches, et il en reste encore quelques-uns qui devront passer la nuit sur le champ de bataille, attendant d'être recueillis le lendemain quand on achèvera d'enlever les morts.

L'hôpital de la ville est plein de Français et de Badois, auxquels médecins et sœurs de charité prodiguent indistinctement leurs soins. Beaucoup de nos soldats ont été transportés dans des ambulances privées installées dans les somptueuses demeures des grandes familles nuitonnes, où ils sont soignés avec un dévouement admirable. Quant aux blessés pouvant supporter le voyage, ils vont être évacués sur Lyon, la voie ferrée restant libre dans cette direction.

*
* *

Toutes proportions gardées, le combat livré à Nuits le 18 décembre, a été l'une des plus sanglantes rencontres de la campagne de 1870. Dans un espace restreint, 25.000 hommes se sont heurtés, 15.000 Allemands contre 10.000 Français, laissant sur le terrain, les Allemands un millier d'hommes, les Français 1.200, soit au total 2.200 tués ou blessés, ce qui représente, du côté des Français, une perte de 12 %.

Mais il s'en faut que tous les corps aient également souffert et, dans la division Cremer, c'est la Ire Légion qui a été le plus durement éprouvée. Sur un effectif engagé de 2.600 hommes, elle en a perdu : tués 169, blessés 562, au total 731, soit 28 %. Son cadre d'officiers a été particulièrement frappé : il a eu 10 officiers tués, dont le colonel, et 17 blessés, soit près de la moitié du cadre hors de combat. C'est qu'en effet, l'effort de la journée a pesé surtout sur ce régiment qui, à lui seul, a subi 58 % des pertes totales de la division.

Pour ma compagnie, la proportion des pertes a été celle de l'ensemble du régiment. Elle a laissé sur le terrain 12 morts, dont un sous-officier, le sergent Mercier, tombé héroïquement à la fin de la journée (1), et une vingtaine de blessés, parmi lesquels le capitaine Pelnard qui la commandait, ce qui représente plus du quart de l'effectif engagé.

*
* *

Du côté des Badois, et en s'en tenant aux chiffres du Grand Etat-Major, les pertes en tués et blessés représenteraient 7 % seulement de l'effectif total. Mais ce qui indique l'âpreté de la lutte, c'est que dans le millier d'hommes qu'ils reconnaissent avoir eus hors de combat, figurent 18 officiers tués, dont le colonel von Renz et le major Gemmingen, et 35 officiers

---

(1) On retrouva, percé de coups, le corps de ce sous-officier au milieu d'un cercle de cadavres de Badois qu'avant de tomber, il avait assommés à coups de crosse en se défendant.

blessés, parmi lesquels le prince Guillaume de Bade et le général de Glümer, commandant la division qui nous attaquait.

La comparaison de cette douloureuse statistique avec celle des grandes batailles du début de la campagne, suffira à justifier l'appréciation donnée plus haut sur les résultats extrêmement meurtriers du combat du 18 décembre : à Gravelotte, du côté des Français, les pertes s'élevèrent à 12 % des troupes combattantes; à Saint-Privat, ces pertes furent de 10 %.

*
* *

Exaspérés par leurs pertes cruelles, les Allemands, après que nous eûmes quitté Nuits, parcoururent les principales rues en poussant des hourras sauvages, tirant des coups de fusil dans les fenêtres, pénétrant violemment dans les maisons. Y ayant découvert les sacs laissés le matin au cantonnement par les troupes parties en reconnaissance, ils enjoignirent, sous menace, aux habitants, de jeter sur la voie publique tout ce qui avait appartenu à nos soldats. Puis, réunissant en tas ces objets, ils y mirent le feu. Après quoi, ayant assuré la garde des principales issues, ils se retirèrent pour la nuit dans le quartier nord, aux alentours de la Mairie.

Le lendemain, 19, dès l'aube, il prirent leurs dispositions pour évacuer la ville et, vers midi, se mirent en route pour Dijon, emmenant avec leurs blessés environ 500 prisonniers, dont 120 appartenant à la Ire Légion.

En tête des prisonniers marchaient douze otages choisis parmi les notables de la cité, mesure que ne justifiait en rien l'attitude de la population, puisque, bien au contraire, les égards témoignés aux blessés Badois soignés à Nuits, obligèrent Werder à rendre le lendemain la liberté à ces otages, emmenés néanmoins brutalement à pied jusqu'à Dijon.

*
* *

A la jonction des chemins d'Agencourt et de Boncourt, presque au centre du champ de bataille, se dresse, depuis 1885, un monument destiné à perpétuer le souvenir de la rencontre

Monument élevé sur le champ de bataille de Nuits.

sanglante (1). Au pied d'un haut obélisque de pierre où est sculpté un lion blessé, sont gravés sur des dalles les noms des soldats tués à Nuits, de ceux, du moins, dont l'identité a pu en hâte être établie, ce qui, pour la Ire Légion, n'en représente pas, à beaucoup près, la totalité (2).

Tous les morts dorment sous une pyramide érigée dans le cimetière de la ville, à côté des morts allemands.

Autour de Nuits, dans les cimetières des communes d'Agencourt, de Boncourt, de Vosne, de Concœur et de Chaux, se dressent de modestes tombeaux élevés à nos soldats par les soins des municipalités. Chaque année, de patriotiques pèlerinages ont lieu en ces divers endroits, pour y honorer la mémoire des braves tombés là le 18 décembre. Et, lorsqu'un régiment faisant étape passe sur la route, il rend les honneurs au monument du champ de bataille, comme

---

(1) Le monument est l'œuvre d'un architecte lyonnais, ancien légionnaire, M. Bellemain. Engagé volontaire à vingt ans et nommé sous-lieutenant à l'élection, il fut grièvement blessé à Nuits et décoré.

(2) Il manque 66 noms de légionnaires, lacune qui a été comblée sur les tables de bronze placées à l'Hôtel de Ville de Lyon et dans les mairies des communes.

autrefois les troupes traversant ces mêmes lieux, saluaient de leurs fanfares les noms glorieux des vignobles qui illustrent la contrée.

En arrêtant net sur la position de Nuits les troupes que le général Werder se proposait de pousser plus avant au sud de Dijon, le combat livré par la division Cremer eut, autant pour sa gravité que pour ses conséquences, un retentissement profond.

Tous les historiens militaires qui se sont occupés des événements de la campagne de 1870, s'accordent à dire, en effet, que sans l'énergique résistance qu'ils rencontrèrent à Nuits, les Allemands, continuant leur marche vers le sud par la grande coulée de la vallée de la Saône, fussent arrivés devant Lyon sans coup férir.

Les Lyonnais qui prirent part au combat meurtrier du 18 décembre peuvent donc, à bon droit, revendiquer le mérite d'avoir contribué à préserver leur chère cité des calamités d'un siège suivi de l'occupation étrangère.

VIII. — *Retraite sur Chalon.*

Le soir du 18, après le rassemblement et la mise en ordre de sa division sur le plateau de Chaux, le général Cremer avait eu un moment le projet d'y passer la nuit et de tenter, le lendemain matin, une attaque de vive force sur Nuits. Dissuadé par son chef d'Etat-Major, qui invoquait, outre l'épuisement des munitions, la fatigue d'une rude journée de combat imposée à ses jeunes troupes, le général se décida finalement à la retraite sur Beaune et en donna l'ordre vers sept heures du soir.

Le temps de repos avant le départ fut consacré à prendre non sans besoin un peu de nourriture et, à huit heures, nous nous mettions en marche par les hauteurs, en traversant Villers-la-Faye et Magny pour rejoindre la grande route à La Doix.

Entre onze heures et minuit, nous atteignions Beaune sans avoir été inquiétés, mais exténués.

Il n'en fallait pas moins repartir, dès le 19, au matin, sur Chagny, que nous trouvions encombré de troupes envoyées de Lyon en renfort, ce qui nous obligeait à pousser à 3 kilomètres plus loin, jusqu'à Rully, où nous couchions.

Afin d'avoir l'aisance nécessaire pour réorganiser les corps ayant le plus souffert, se réapprovisionner en munitions et, au besoin, incorporer les renforts, Cremer descendait avec une partie de sa division à Chalon-sur-Saône, où nous séjournions **jusqu'au** 22.

Durant ces deux jours, employés à combler les vides des cadres, un certain nombre de légionnaires portés disparus avaient rejoint. Il était même arrivé à pied quelques blessés en état de marcher, qu'on envoya soigner à l'hôpital de la ville. Néanmoins, les effectifs du régiment restaient encore bien réduits, comme on le constatait avec un serrement de cœur aux appels journaliers.

* *

Nous apprenions aussi, à ce moment, qu'à Lyon, les pertes cruelles des Légions annoncées en les exagérant encore, avaient causé une grande surexcitation et provoqué même quelques regrettables troubles, au cours desquels le commandant Arnaud, de la Garde nationale, avait été assassiné avec le simulacre d'une exécution militaire. Ses funérailles auxquelles, pour calmer l'émotion générale, le Ministre de la Guerre, Gambetta, avait tenu à assister en personne, furent l'occasion d'une importante manifestation patriotique. La ville adopta les trois enfants du commandant.

*
* *

Resté à Beaune pour couvrir la retraite, le 57ᵉ avait pu, dans plusieurs reconnaissances poussées au nord de Nuits, s'assurer de l'absence de l'ennemi qui ne s'éloignait plus des environs de Dijon. Aussitôt renseigné à cet égard, le général Cremer nous faisait, le 23 décembre, revenir sur nos pas, par une première étape sur Chagny, pour gagner ensuite Beaune, où nous rentrions le 24. La température s'était abaissée, il régnait un froid assez vif et la neige recommençait à tomber pour recouvrir le sol jusqu'au dégel général en février.

Depuis le 22, la Iʳᵉ Légion était passée sous

les ordres du général de Busserolle. On organisait, en effet, l'armée de l'Est avec des corps pris à l'armée de la Loire auxquels venaient s'adjoindre les troupes stationnées en Bourgogne, dont l'endivisionnement était par suite modifié.

*
* *

Notre séjour à Beaune fut marqué des mêmes sympathies que précédemment, avec encore plus de soins affectueux de la part des habitants, que le canon de Nuits, entendu toute la journée du 18, avait fort alarmés. Ce jour-là, poussés par l'inquiétude sur notre sort autant que sur le leur, plusieurs Beaunois avaient même tenté d'approcher du lieu de la bataille; mais ils avaient dû rebrousser à mi-chemin.

Les quelques jours de notre stationnement furent mis à profit pour commencer de reconstituer une partie de notre équipement, brûlé par les Badois le soir du combat de Nuits. Des distributions d'objets en laine, gants, caleçons, tricots, offerts par les habitants de Lyon, nous parvinrent. Chose plus précieuse, on nous distribua enfin des capotes dont, au début de la saison rigoureuse, le besoin se faisait réellement sentir.

Les fêtes de Noël se passèrent sous la neige et, chez bon nombre d'habitants logeant des soldats, on s'ingénia aimablement à leur donner l'illusion qu'ils célébraient le réveillon en famille.

Le colonel Celler, grièvement blessé à Nuits dans les circonstances relatées plus haut, avait été transporté à Lyon, dans sa famille. Il y mourut quelques jours après et, le 27 décembre, nous apprenions qu'il avait pour successeur à la tête de la Légion, le commandant Valentin, remplacé lui-même au 1er bataillon par un capitaine du régiment.

Le nouveau colonel, né à Strasbourg en 1830, était le frère du Préfet du Rhône, Edmond Valentin qui, au 4 septembre 1870, nommé par le Gouvernement de la Défense nationale Préfet du Bas-Rhin, alla occuper son poste dans Strasbourg investi, en franchissant à la nage, sous les balles, les fossés d'enceinte de la place.

Capitaine au 27ᵉ régiment actif d'infanterie, blessé à Bazeilles et évadé de Sedan, Jules Valentin avait fait aux zouaves et aux chasseurs à pied les campagnes d'Afrique, de Crimée et d'Italie. A la formation de la Légion, présenté au corps d'officiers par l'autorité militaire, on l'avait désigné pour le commandement du 1ᵉʳ bataillon.

Physiquement, avec sa chevelure crépue, sa barbe noire, il n'avait rien de son origine alsacienne, que révélait seulement un fort accent tudesque. Au début, il apporta dans ses fonctions une raideur presque brutale qui, si elle éloignait la sympathie, imposait du moins à tous un respect et une discipline absolus. Cette raideur s'atténua d'ailleurs à mesure qu'il eut mieux apprécié le bon vouloir et les qualités de ses soldats improvisés, et ceux-ci, reconnaissant en lui les viriles capacités d'un bon chef, lui marquèrent par la suite cette confiance affectueuse qui fait la force d'une troupe.

Possédant des connaissances militaires étendues et une grande expérience de la guerre, le colonel Valentin fit fonction dans l'Est de général de brigade et s'acquitta remarquable-

Colonel VALENTIN

ment de son rôle. Cependant, son caractère peu souple le mit plus d'une fois en conflit avec les généraux, ses supérieurs, dont il n'adoptait pas toujours les conceptions sans critique.

Cette attitude eut pour résultat de le faire replacer, à la fin de la campagne, avec son ancien grade de simple capitaine. Il prit sa retraite en 1873, à la suite d'un incident politique provoqué dans son régiment, au moment des tentatives de restauration monarchique contre lesquelles il avait courageusement protesté. Retiré à Vesoul dans les dernières années de sa vie, il y est mort en 1905.

*
* *

Au nombre des mutations destinées à combler les vides faits par le combat de Nuits, celle remplaçant le capitaine Pelnard, que sa blessure éloignait pour le reste de la campagne, par son lieutenant, Charles Lagrelle, intéressait directement ma compagnie.

Le capitaine Pelnard, qui avait alors trente-huit ans, était venu volontairement à la Légion, abandonnant une situation civile avantageuse, pour apporter son effort individuel et son dévouement à la défense du pays envahi. Ancien sergent-major, il avait fait la campagne de Crimée, et s'il dut, dans les premiers jours, se remettre un peu au courant des changements apportés aux manœuvres depuis son départ de l'armée, il possédait, en compensation, une autorité personnelle très grande, jointe à des qualités d'administrateur prévoyant et sage qui en faisaient un excellent commandant de compagnie.

La blessure dont il resta défiguré lui valut la croix de la Légion d'honneur. Il vécut encore de longues années après la campagne, promenant non sans fierté dans la ville de Lyon, où sa silhouette originale était bien connue, le bandeau noir qui lui barrait le visage et recouvrait l'affreuse cicatrice de son œil arraché.

*
* *

Son successeur, le capitaine Lagrelle, de dix ans plus jeune, avait un passé militaire beaucoup plus récent. Engagé volontaire au 2° ré-

Capitaine Pelnard

Capitaine Lagrelle

Lieutenant Basset

Lieutenant Berthet

giment de zouaves, où il était parvenu au grade de sergent-major, il avait fait avec ce régiment d'élite, campagne en Afrique et au Mexique. Quand éclata la guerre de 1870, il venait de quitter l'armée depuis un an seulement. Compris dans les levées de la Défense nationale et versé à la 1re Légion, Lagrelle fit bien vite apprécier ses services comme instructeur et, à la formation des cadres, le suffrage des soldats le nomma lieutenant à la 3° compagnie du 1er bataillon.

Plus tard, comme capitaine, il sut conquérir la sympathie et l'affection de ses hommes par le souci qu'il prenait d'eux, et la confiance que son expérience acquise au cours de précédentes campagnes leur inspirait.

Sa voix rude, qui semblait toujours pleine de menaces, les rassurait et les entraînait, car ils savaient ce qu'elle cachait de bonté, de fermeté et de courage. Son tutoiement familier, que lui rendaient ses soldats et qui rappelait les habitudes égalitaires des volontaires de 92, n'enlevait rien à son autorité, grande en temps ordinaire, absolue au moment du danger. Il était vraiment un chef, veillant à tout, plein de prévoyance et de sang-froid, toujours prêt à sacrifier son propre repos pour le bien-être de ceux qu'il commandait. Une cruelle maladie, héritage des fatigues de ses campagnes, eut raison, il y a quatre ans, de sa robuste constitution, et l'enleva à un âge relativement peu avancé.

La disparition du capitaine Pelnard créait, dans le cadre de la 3ᵉ compagnie, une vacance comblée par la nomination du sergent-major Basset au grade de sous-lieutenant.

*
* *

Toutes les mutations coïncidaient avec la décision plaçant la Iʳᵉ Légion sous les ordres du général Bourbaki, à l'armée de l'Est, dans la 3ᵉ division du 24ᵉ corps commandé par le général Bressolles. Avec notre régiment, la 3ᵉ division, ayant à sa tête le général de Busserolle, comprenait la 2ᵉ Légion du Rhône, le 89ᵉ mobiles (Var et Gironde) et le bataillon des mobiles de la Loire. Ses éclaireurs lui étaient fournis par le 7ᵉ régiment de cavalerie mixte. Il lui était adjoint deux batteries de 4 et une batterie de montagne. Quant à la batterie Armstrong, formée avec la Légion et qui l'avait accompagnée jusque-là, elle suivait le général Cremer appelé au commandement d'une division indépendante.

Ainsi prenait fin notre participation à la campagne de la Côte-d'Or, première phase de l'existence active et du rôle militaire de notre régiment.

TROISIÈME PARTIE
CAMPAGNE DE L'EST

IX. — *De Saint-Ferjeux à Abbenans.*

Ensuite des dispositions prises pour la formation de l'armée de l'Est, la Ire Légion quittait Beaune le 28 décembre, pour être transportée à Besançon en chemin de fer. Rendue à la gare à onze heures du matin, elle y stationnait jusques après minuit, en attendant le train qui devait l'emmener.

L'embarquement enfin effectué, nous mettions sept heures pour descendre à Mâcon, où l'encombrement des lignes nous obligeait à rester en gare, dans le train, pendant une partie de la journée du 29. Après tous ces retards et un voyage de trente-six heures, par un froid très vif, désagréablement supporté dans les wagons à bestiaux aménagés pour notre transport, nous débarquions à Besançon le 30, à neuf heures du matin.

Mais nous ne faisions que traverser la ville pour aller à quatre kilomètres au delà, sur la route de Dôle, cantonner au village de Saint-Ferjeux jusqu'au 3 janvier.

Durant ce stationnement de quatre jours, la plus grande activité était apportée à réorganiser nos cadres et à compléter notre équipement par une distribution de sacs neufs, de couvertures et de vêtements de laine.

L'accès de Besançon nous était interdit, ainsi d'ailleurs qu'à toutes les troupes stationnées dans les environs. On ne laissait pénétrer en ville que les hommes employés aux corvées. Celles-ci donnaient seules, par leur circulation incessante, un peu d'animation à ce monotone village de Saint-Ferjeux.

Nous le quittions le 3 janvier au matin, en même temps que tout le 24º corps se mettait en mouvement dans la direction de l'Est. Le régiment traversait le faubourg de Battant, où se dresse la statue du célèbre mécanicien Jouffroy, et, par les chemins au nord de Besançon, gagnait la route de Rougemont, tracée dans une contrée montagneuse et boisée, entre les vallées du Doubs et de l'Ognon. Il s'arrêtait à Chaudefontaine et à Corcelles, où il séjournait deux jours. Nous assistions là, le second jour, au défilé sur la route couverte de verglas, de toute l'artillerie de l'armée de l'Est, plus de trois cents bouches à feu, presque toutes d'ancien modèle.

Une seconde étape, poursuivie sur la droite de la même route, nous conduisait, le 6, à Tournans, Trouvans et Rillans On nous avait, au départ, chargés de cinq jours de vivres, en prévision du moment prochain où nous pénétrerions dans une région épuisée par les réquisions de l'ennemi.

Vingt-quatre heures après, concentrés à Huanne, nous prenions la direction de Villersexel et atteignions Abbenans le 8 janvier, veille du combat.

X. — *Combat de Villersexel.*

(9 janvier)

Villersexel est situé sur la rive gauche de l'Ognon au confluent du Scey, à la croisée des routes de Besançon et de Lure à Belfort. Dans son plan de campagne pour sa marche vers l'Est, le général en chef Bourbaki avait prévu que le premier choc sérieux de son armée aurait lieu en ce point important.

Bâtie sur les pentes assez raides d'une hauteur dominant la rivière, la ville n'offre pas, cependant, une grande valeur défensive, à cause du voisinage de villages et de bois pouvant fournir des points d'appui à l'ennemi. Le château de Grammont, grande construction Louis XIII, d'assez bel aspect, occupe, avec le parc à l'entour, une vaste étendue sur toute la partie ouest de la position.

Le 9 janvier, vers dix heures du matin, le combat s'engageait devant Villersexel par une division allemande venant sur la route de Lure et essayant de s'emparer du pont sur lequel

A. de Neuville, pinx.   COMBAT DE VILLERSEXEL. (9 janvier 1871).

cette route traverse l'Ognon à l'Est de la ville. Le détachement français qui défendait l'ouvrage l'avait solidement barricadé.

Ayant échoué dans leur tentative, les Prussiens cherchaient un autre passage et découvraient, un peu en aval, une passerelle à peu près abandonnée sur laquelle ils franchissaient la rivière. Ils débouchaient ainsi dans le fond du parc, surprenaient une centaine de mobiles occupant le château, et venaient prendre à revers les défenseurs du pont.

Avant midi, ils étaient maîtres de Villersexel, faiblement occupé depuis la veille par deux bataillons de mobiles, renforcés de deux compagnies de la Ire Légion qu'on avait appelées de Les-Magny, où elles prenaient la grand'-garde.

La journée semblait donc compromise quand, vers une heure, intervinrent le 18e corps français venant de l'ouest et s'avançant sur Moimay, puis le 20e corps débouchant du sud par Les-Magny et attaquant Villers-la-Ville, sur la route de Belfort.

Débusqués de ces villages, les Allemands se replièrent sur Villersexel, où ils s'entassèrent et où la lutte reprit plus vive, se prolongeant longtemps après la nuit tombée.

Dans les rues montueuses et étroites du bourg, on se battait avec un acharnement extrême, de maison en maison, à la lueur des incendies allumés sur plusieurs points. Un incident très dramatique, qui a inspiré au peintre Alphonse de Neuville une de ses toiles les plus émouvantes, se produisit dans ce combat des rues. Vers neuf heures du soir, une vive fusillade, partant d'une maison en saillie dans la voie principale, accueillait au passage un bataillon du 77° mobiles allant prendre position pour la nuit. Sur l'ordre du commandant, une compagnie était détachée avec mission d'attaquer l'immeuble par derrière. Au moment où son capitaine, guidé par un habitant, pénétrait avec quelques hommes dans la cour de la maison, un officier allemand se montrait à une fenêtre et criait: « Prisonnier! » Sans défiance, le capitaine faisait alors entrer toute sa compagnie; mais, aussitôt, une grêle de balles s'abattait sur les mobiles, tuant le capitaine, blessant le guide et plusieurs soldats. Le lieutenant prenant le commandement se retirait avec ses hommes, et allait rendre compte au chef de bataillon. Celui-ci, exaspéré de tant de déloyauté, ordonnait d'amener des fascines goudronnées et d'incendier la maison, d'où l'on continuait à tirer sur les assaillants. Quelques Prussiens parvinrent à s'échapper; mais, le lendemain, on retrouva une trentaine de cadavres carbonisés sous les décombres.

Dernier refuge de l'ennemi, le château était attaqué et emporté d'assaut, dans un superbe élan de nos troupes entraînées par Bourbaki en personne retrouvant, sous les balles, son héroïque ardeur d'autrefois. Des caves aux combles, on s'y fusillait d'étage en étage, dans les escaliers et, pour nous en chasser, le général prussien y faisait mettre le feu à dix heures du soir, ce qui faillit être fatal à ses propres troupes, enfermées dans les parties incendiées.

Malgré leur résistance opiniâtre, les Allemands furent contraints d'évacuer Villersexel, qui resta aux Français.

*
* *

Quant à la 1re Légion, elle était allée, le 9

au matin, prendre position, en prévision d'une attaque, sur le plateau de Treuil, entre Abbenans et Villersexel. Après un stationnement d'une heure, nous avions quitté ce plateau pour poursuivre notre route par Vellechevreux avec le 24ᵉ corps marchant, ce jour-là, en réserve. Le bruit du canon et de la fusillade du combat engagé parvenait jusqu'à notre colonne, et nous apercevions, sur notre gauche, le feu d'artifice des shrapnells allemands éclatant au-dessus de Villersexel.

Les deux compagnies de la Légion qui, dès la première heure, avaient prêté leur concours à la défense de la ville, ne furent pas les seules engagées. Dans l'après-midi, quand le 18ᵉ et le 20ᵉ corps entrèrent en ligne, notre 3ᵉ bataillon, resté en arrière pour couvrir la marche de la division, prit une part brillante au combat en enlevant le village de Villers-la-Ville, défendu par un bataillon prussien qui laissa sur place une vingtaine de morts. Nous n'eûmes là, de notre côté, que quinze tués ou blessés et quelques disparus qui ne tardèrent pas à rejoindre.

Dans l'ensemble de cette bataille meurtrière, glorieuse pour nos armes et où nos jeunes trou-

Sicard, pinx.

LE MATIN DE VILLERSEXEL (Le Général de Boisserolle donnant ses ordres).

pes avaient montré beaucoup d'entrain, les pertes, assez fortes, s'élevaient de chaque côté à près de six cents hommes tués ou blessés.

*
* *

Un monument érigé en forme de pyramide dans la partie haute de Villersexel, commémore cette victoire qui, mise à profit avec plus de décision et de rapidité, pouvait avoir les plus heureuses conséquences sur les suites de la campagne engagée dans l'Est. Au cimetière, s'élèvent plusieurs tombeaux recouvrant des morts français et allemands.

XI. — *Secenans et Crevans.*

Depuis quelques jours, la neige était venue ajouter sa monotonie à un froid intense; elle couvrait maintenant toute la campagne d'une couche épaisse qui, réduite en poussière par le passage des colonnes, ou transformée en verglas, rendait la marche très pénible.

C'est dans ces conditions atmosphériques peu favorables que, le 9 janvier, le soir du combat de Villersexel, la Ire Légion allait cantonner à Crevans, quartier général de la division, où nous rejoignait le 3e bataillon ayant combattu dans la journée.

A peine étions-nous arrivés à l'étape, que ma compagnie, la 3e du 1er bataillon, montait prendre la grand'garde, à la chute du jour, sur le plateau de Secenans, point élevé et entièrement dénudé d'où la vue s'étend fort loin. Grâce à la transparence de l'air dans ces montagnes, nous pouvions, sur le vaste espace de neige que nous avions devant les yeux, suivre les moindres mouvements des troupes allant occuper les positions où elles se disposaient à passer la nuit. Bientôt, les hauteurs voisines furent toutes couronnées par les feux de bivouac de l'armée de l'Est, qui formaient à l'horizon une illumination circulaire du plus fantastique effet dans ce paysage d'hiver.

Sur le plateau découvert, un vent violent soufflait, éteignant nos feux, entretenus déjà à grand'peine avec du bois vert couvert de givre. La fatigue de l'étape aidant, quelques camarades se laissaient gagner par cet engourdissement très doux du sommeil mortel que provoque le froid extrême. On les bourrait de coups de poing pour secouer leur torpeur, les tenir éveillés, les forcer à marcher et les arracher au danger qui les menaçait.

La nuit se passa ainsi avec, en outre, de continuelles alertes de nos sentinelles. A chaque instant, l'une ou l'autre donnait l'alarme, prenant pour une troupe en marche les bouquets de bois, les buissons qui, au loin, sur cette étendue blanche, se détachaient avec des formes bizarres prêtant à l'illusion du mouvement.

Le 10, à l'aube, une compensation agréable nous attendait. Sortant du village de Grange-la-Ville, situé au pied du plateau, et se dirigeant vers nous à la file indienne, des paysans que les sentinelles avaient laissé passer, gravissaient les pentes, portant chacun, avec beaucoup de précaution, une grande jatte pleine jusqu'au bord de bonne soupe fumante. Leur arrivée au sommet fut, comme on le pense, fort bien accueillie, et la soupe, vite distribuée, fut plus vite encore avalée, apportant sa bienfaisante chaleur à nos pauvres corps transis.

Quelques hommes redescendirent avec ces braves gens, pour tâcher de se procurer des vivres dans le village. Ils remontèrent bientôt avec une provision d'œufs, que nous fîmes de suite cuire dans une grande gamelle où chacun puisait à son tour. Mais le froid était si vif que la gamelle gela avant que les œufs fussent tous mangés.

Dans la journée, la Légion entière prenait position sur le plateau, où elle bivouaquait jusqu'au lendemain soir. Ses éclaireurs montés échangeaient quelques coups de revolver avec des cavaliers allemands aux alentours de Grange-la-Ville, et leur tuaient un homme.

Du point élevé où nous étions, nous pouvions, ce même jour, voir à l'horizon une manœuvre de cavalerie ennemie, dans la direction de Belfort dont, à vol d'oiseau, vingt-cinq kilomètres nous séparaient encore. Malgré la distance, nous entendions déjà, tous les jours, du matin au soir, gronder les grosses pièces du siège. Ce bruit lointain, grave, continu, dont nous allions nous rapprochant, devait nous accompagner désormais jusqu'au moment où l'armée de l'Est se mettrait en retraite.

*
* *

Relevée le 11, dans l'après-midi, par le 89ᵉ provisoire, la Légion descendait sur Crevans pour y prendre son cantonnement. Les Prussiens occupaient, en avant de nous, les villages voisins. Une patrouille française envoyée à Corcelles, distant de trois kilomètres à peine, avait pénétré dans le village d'un côté, pendant qu'une patrouille prussienne le quittait du côté opposé. Ma compagnie, en grand'garde dans un moulin abandonné, avait ses sentinelles si rapprochées des petits postes ennemis qu'elles pouvaient en suivre tous les mouvements. Nos hommes arrêtaient dans la soirée un paysan rôdant aux abords de nos lignes, qu'il cherchait à franchir en se dissimulant. Conduit devant le général de Busserolle, commandant la division, il était interrogé et, après avoir essayé tant bien que mal de se disculper et d'expliquer ses allures équivoques, il était relâché; mais on le faisait accompagner par deux soldats jusqu'à Crevans où il disait habiter.

Au même moment, était arrivé au poste principal un dragon français, envoyé à la grand'-garde pour porter les ordres en cas de besoin. Monté sur un cheval non ferré à glace, comme presque toute la cavalerie de l'armée de l'Est, il avait beaucoup de peine à maintenir et diriger sa monture sur la route verglacée. Le cheval finit par s'abattre avec son cavalier, qu'on releva une jambe cassée et que, faute de mieux, on transporta dans une brouette à l'ambulance prochaine.

La température restait extrêmement dure.

Le froid glacial était rendu plus pénétrant encore par un vent chargé de frimas qui traversait les vêtements, et auquel nous exposaient sans ménagement les longues nuits passées au bivouac ou en grand'garde.

XII. — *Combat d'Arcey.*

(13 janvier)

Après son échec de Villersexel, Werder, à qui notre inactivité laissa le temps de se replier sans être inquiété, reprit sa marche vers Belfort en s'arrêtant sur la Lisaine, avec des troupes le couvrant à Lure et à Arcey.

C'est ce dernier point que Bourbaki décida d'attaquer. Mais son armée, retardée dans sa marche autant par l'indécision du chef que par le mauvais état des chemins et les difficultés de ravitaillement, ne commença l'opération que le 13 janvier. Le 15e corps devait marcher sur Sainte-Marie et Arcey, avec le 24e corps au centre et le 20e corps à l'aile gauche se dirigeant sur Saulnot. Le 18e corps restait à Villersexel.

Menacé d'être enveloppé, l'ennemi occupant Arcey se retirait, dès midi, vers Aibre et Raynans.

A l'aile gauche, l'action, quoique menée

moins vivement, contraignait également les Prussiens à la retraite.

Au centre, la 3ᵉ division, dont nous faisions partie, qui devait se réunir à sept heures du matin en avant de Crevans, ne se mettait en mouvement qu'à huit heures, retardée par le 89ᵉ provisoire et la 2ᵉ Légion. Elle se dirigeait sur Corcelles, Saulnot et Gonvillars, et, après une heure de marche, ses tirailleurs engageaient le feu, sans beaucoup avancer.

Voyant les choses traîner en longueur, le colonel Valentin prenait alors, avec la Iʳᵉ Légion, la tête des colonnes d'attaque.

Le colonel avait sous ses ordres, outre nos trois bataillons, un peloton de cavalerie, deux compagnies du 21ᵉ bataillon de chasseurs à pied et deux batteries de 4 de campagne.

Il faisait mettre en position dix pièces, canonnait avec succès les batteries ennemies établies près de Villers-sous-Saulnot et, pendant qu'il attirait ainsi sur l'artillerie toute l'attention des Allemands, son infanterie tournait les positions de Gonvillars et de Saulnot, qui étaient emportées avec beaucoup d'élan.

Le village de Chavanne, en face duquel nous

nous trouvions, avait le même sort. Situé dans le fond d'un pli de terrain, il est entouré de coteaux élevés couronnés d'épaisses forêts. Notre bataillon l'attaquait en gravissant avec entrain une de ces hauteurs, pour se glisser le long de la lisière d'un bois, où s'établissait sa ligne de tirailleurs qui, de là, dirigeait des feux plongeants sur le village.

Les Prussiens ripostaient avec vigueur, sans pourtant que leur tir de bas en haut fût très meurtrier. Leurs balles, passant par-dessus nos têtes, allaient s'enfoncer derrière notre ligne dans le tronc des grands arbres.

Gagnant du terrain du côté de la sortie du village, en continuant de tirailler, toute la ligne s'élançait bientôt au pas de course, baïonnette au canon, sur Chavanne, d'où les Prussiens, sous cette attaque soudaine, s'enfuyaient précipitamment, poursuivis par nos coups de fusil.

L'action avait été menée avec tant de rapidité qu'ils avaient dû abandonner, dans le village, leur ambulance pleine de blessés.

Délivrés de leur présence, les habitants de Chavanne nous accueillirent avec de grandes démonstrations de joie. Les femmes embrassaient les soldats, les enfants se jetaient dans leurs jambes, voulaient toucher leurs fusils. Dans les maisons, nous trouvions, toute servie, la soupe à la saucisse que les Prussiens, surpris, n'avaient pas eu le temps de manger et dont nous nous régalions à leur place.

Pour protéger leur retraite, ils lançaient sur le village un certain nombre d'obus, dont plusieurs, autour de nous, s'enfonçaient dans l'épaisse couche de neige sans éclater. Mais l'un de ces projectiles, tombant sur la place principale où nous étions rassemblés, à la porte de l'ambulance installée dans la maison d'école, renversait, dans une explosion formidable, l'équipage vide du médecin allemand et tuait sur le seuil la fille de l'instituteur du village.

Les pertes de notre régiment, dans la journée, étaient les suivantes : le colonel légèrement atteint, deux officiers grièvement blessés, et soixante-seize sous-officiers et soldats tués, blessés ou disparus, ces derniers présumés morts.

L'un des officiers blessés, le sous-lieutenant Basset de ma compagnie, déjà légèrement contusionné à Nuits, avait été traversé de part en part, à la hauteur de la ceinture, par une des dernières balles tirées de Chavanne. Transporté chez un habitant, il avait reçu les premiers soins du médecin de l'ambulance allemande, grand gaillard à barbe brune, parlant parfaitement le français qui, après un minutieux examen, avait pronostiqué la guérison du blessé, prévision très heureusement réalisée par la suite. Basset était remplacé par le sergent-major Berthet, nommé sous-lieutenant le 15 janvier.

Les pertes de l'ennemi devaient être sensibles, car, outre ses blessés capturés avec l'ambulance, il avait abandonné sur place un certain nombre de morts.

Le peu de ressources qu'offrait le petit village de Chavanne ne permettant pas d'y faire séjourner tout le régiment, notre bataillon dut aller cantonner un peu plus loin, au Vernois. En chemin, nous aperçûmes sur la route le cadavre gelé d'un pauvre mobile, surpris par le froid, à côté des restes d'un feu de bivouac où le malheureux avait essayé de se réchauffer.

En arrivant au Vernois, le rapport communiqué aux compagnies nous apprenait que la 1re Légion avait été, de la part du général, l'objet d'éloges pour son entrain à la prise de Chavanne, et qu'en récompense, elle ne fournirait pas de grand'gardes ce jour-là, mesure gracieuse qui profitait à ma compagnie dont c'était le tour.

Celle-ci était logée à la Mairie, dans des salles où un peu de paille sur le carrelage constituait un excellent couchage, d'autant plus apprécié des hommes que, depuis une semaine, nous avions bivouaqué à peu près constamment. Les officiers, eux, avaient trouvé dans le voisinage une maison accueillante leur permettant d'espérer un bon lit après souper, quand, tout à coup, survint un intendant avec sa suite réclamant le logement. Il fallut, en maugréant tout bas, lui céder la place, aller se réfugier près des soldats et dormir comme eux sur la paille, tout habillés.

La journée du 14 fut consacrée à un repos bien gagné et à la préparation d'une nouvelle marche en avant dont le haut commandement attendait un résultat décisif. Nous n'étions plus qu'à seize kilomètres de Belfort, et nos succès à Villersexel et à Arcey nous faisaient espérer d'y arriver bientôt.

XIII. — *Bataille d'Héricourt.*

(15, 16 et 17 janvier)

Obligé de se replier devant les imposantes forces françaises qui marchaient contre lui, le général Werder, commandant le 14ᵉ corps allemand, avait dû renoncer à son projet de descente vers le sud, et se préoccuper exclusivement de protéger le siège de Belfort.

L'obstacle créé par la Lisaine, dans la partie comprise entre Montbéliard et Frahier, sur dix-neuf kilomètres de longueur, où semblait devoir se porter l'attaque, constituait, par l'importance des masses montagneuses qui bordent la rive gauche de la rivière, une sérieuse position défensive.

La lenteur de nos mouvements avait permis à l'ennemi d'en fortifier les points principaux par des ouvrages passagers armés de nombreuses et puissantes pièces d'artillerie, par l'établissement de tranchées-abris, et par la mise

Château de Montbéliard.

en état de défense de plusieurs villages échelonnés le long de la vallée.

Le vieux château de Montbéliard, avec ses grosses tours rondes coiffées de toits bizarres, ses terrasses soutenues par des murs élevés reposant sur le roc, avait été utilisé aussi par les Prussiens, qui l'avaient armé de grosses pièces de siège battant les alentours.

De Montbéliard à Héricourt, sur près de 8 kilomètres, la Lisaine coule entre la route et la voie ferrée qui, toutes deux, à Héricourt, prennent la direction de Belfort, laissant la rivière venant du nord couler dans un vallon plus resserré.

Tout le pays est couvert de forêts, ce qui en rend l'accès difficile.

Bien que n'ayant que six à huit mètres de largeur et une profondeur ne dépassant pas un mètre, la Lisaine n'est pas aisément franchissable. Vers Bussurel, elle actionne en temps ordinaire un moulin et, au delà, de loin en loin, de vieilles bâtisses servant de lavoirs trempent leurs murs lépreux dans son eau lente.

L'hiver de 1870 l'avait fortement gelée; mais

sur les points les plus accessibles, les Prussiens avaient fait sauter la glace. Ils avaient même, en divers endroits, établi avec du fumier des barrages qui, en retenant l'eau, relevaient d'un mètre le niveau de la rivière et augmentaient singulièrement les difficultés du passage.

C'est contre cet ensemble d'obstacles accumulés qu'allait se heurter l'armée de l'Est. Elle se mettait en branle le 15 janvier, dès la première heure, dans l'ordre suivant: le 15ᵉ corps marchait sur Montbéliard, le 24ᵉ corps se dirigeait par Tavey sur Bussurel, le 20ᵉ corps prenait la direction d'Héricourt; quant au 18ᵉ corps et à la division indépendante du général Cremer, leur mission était de tourner l'aile droite allemande par Chenebier..

Le 15, à six heures et demie du matin, la Iʳᵉ Légion se rassemblait au-dessus du Vernois; elle devait former la réserve de la 3ᵉ division. Après un temps d'attente, elle se mettait en marche par le flanc pour traverser un bois épais, dépassait le village d'Aibre et débouchait, déployée par colonne de demi-bataillon, dans un terrain découvert, derrière notre artillerie qui, déjà, avait engagé l'action.

Toute la journée, ce fut une formidable canonnade, le combat se bornant à peu près, sauf un moment vers le soir, à un duel entre les deux artilleries. Le spectacle était vraiment grandiose. Il y avait là, en présence, plus de cent pièces de canon se répondant et faisant un feu roulant qui les illuminait d'éclairs au milieu d'une lourde fumée. Malheureusement, à en juger par l'éclatement à faible distance des obus lancés par nos anciennes pièces de 4, notre tir ne devait produire qu'un médiocre effet. Seules, les pièces d'acier de 9, qu'on avait retirées à la Légion, répondaient avec une vigoureuse efficacité aux canons prussiens. On les distinguait, dans le grondement général, à la sonorité particulière de leur métal, que chaque coup faisait résonner comme un timbre.

*
* *

La ligne française gagnait du terrain. Nous suivions le mouvement à travers champs, cheminant assez péniblement sur un sol inégal recouvert d'une épaisse couche de neige.

A la nuit tombante, parvenus sur les hauteurs dominant Vyans et sa région, nous apercevions, tout à coup, un grand mouvement d'attelages d'artillerie venant prendre position à 1.500 ou 2.000 mètres de nous. Nous eûmes un instant la satisfaction de croire qu'il s'agissait de nos batteries françaises, ce qui eût été d'un bon augure pour le résultat de la journée. Mais, presque aussitôt, le souffle puissant d'obus passant au-dessus de nos têtes vint nous détromper. Nous avions devant nous des batteries ennemies qui tiraient sur nos troupes, et dont il était urgent de se défiler.

L'emplacement que nous occupions s'abaissait brusquement, par une pente fort raide, vers le fond de la vallée de la Lisaine. Pour nous soustraire aux shrapnells, nous nous laissions glisser à la queue leu leu sur la pente gelée, au bas de laquelle se trouvait massée toute la 3ᵉ division.

Devinant cet important rassemblement, les Allemands rectifiaient leur tir et envoyaient quelques obus de leurs grosses pièces qui, écla-

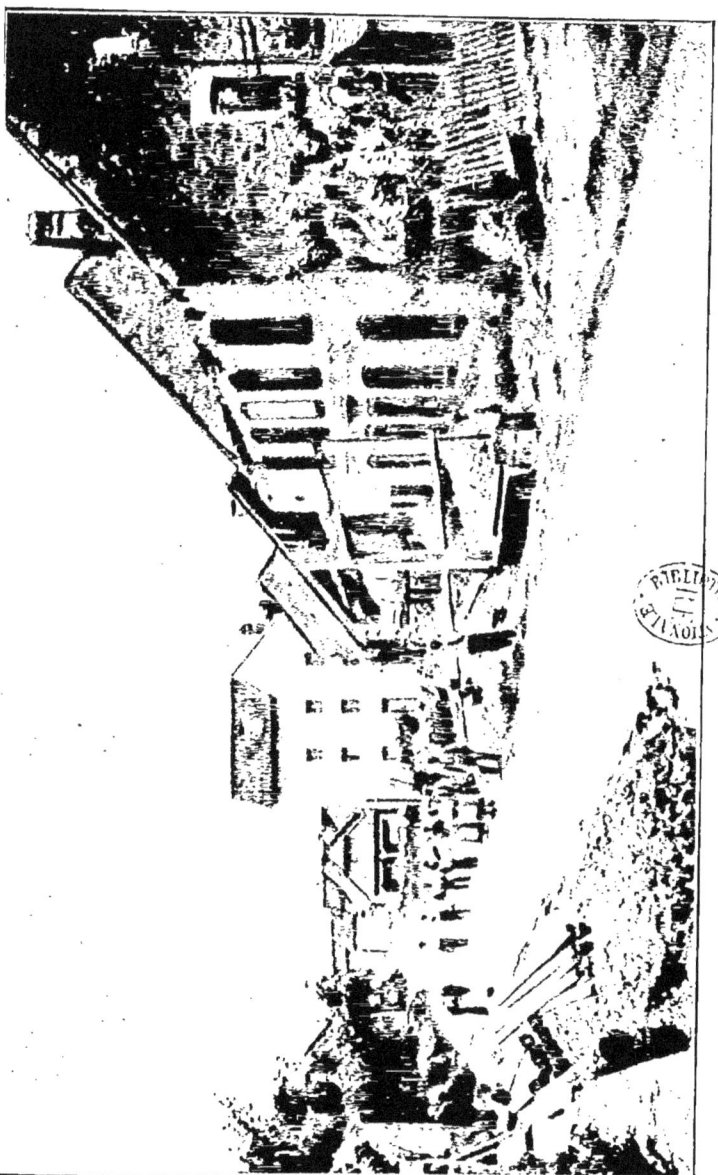

Boissière, après la guerre.

tant au milieu de nos régiments entassés, tuaient un officier et blessaient plusieurs soldats.

Les troupes se hâtaient de quitter ce dangereux bas-fond. Notre régiment allait bivouaquer à la lisière du Grand-Bois.

Cette première journée du 15 janvier n'avançait guère les choses. Les Allemands s'étaient bien retirés devant nous, mais pour aller occuper les positions défensives préparées d'avance, par eux, le long de la rive gauche de la Lisaine.

L'attaque de Montbéliard par le 15ᵉ corps, si elle permit aux Français de pénétrer dans le bas de la ville, ne les fit pas parvenir à s'emparer du château, dont la grosse artillerie enfilait toute la vallée et empêchait de franchir la rivière.

Devant Bussurel, le 24ᵉ corps avait un instant occupé le village; puis, il avait dû l'abandonner, l'ennemi ayant reçu d'importants renforts. Deux autres tentatives, la dernière faite à quatre heures du soir contre le moulin de Bussurel, n'avaient pas eu plus de succès. Une partie du village avait été incendiée.

De son côté, le 20ᵉ corps attaquant entre Héricourt et Chagey, s'était heurté à la partie de la défense allemande la plus fortement organisée. Sur un front de trois kilomètres, les Prussiens avaient en position plus de soixante pièces de canon soutenues par une division, avec un bataillon gardant le pont d'Héricourt. A un moment donné, cependant, le 20ᵉ corps semblait dominer la situation ; mais, conformément aux ordres reçus, il attendit que le mouvement annoncé sur sa gauche se prononçât, et ce temps perdu rendit ses efforts inutiles.

Quant au 18ᵉ corps et à la division Cremer, chargés d'exécuter ce mouvement destiné à tourner la droite de l'ennemi, ils ne parvinrent point, non plus, à atteindre le but projeté, soit par suite de retards successifs dans leur marche, soit parce que la direction donnée par le haut commandement les portait, non vers l'aile des Allemands qu'on devait tourner, mais vers le centre où ceux-ci avaient accumulé leurs plus redoutables moyens de défense.

Nous dûmes donc nous résigner à passer la nuit sur place.

Il régnait un froid atroce et, pour nous réchauffer, nous n'avions que de maigres feux, difficiles à entretenir avec des brindilles couvertes de givre, produisant une fumée âcre qui nous suffoquait et brûlait nos yeux larmoyants. Enveloppés dans les mauvaises couvertures qu'on nous avait distribuées en remplacement de celles perdues à Nuits, nous restions groupés en cercle autour de ces insuffisants foyers, et de temps en temps nous nous promenions en battant la semelle, afin de réagir contre les tentations d'un dangereux engourdissement.

La nuit se passa ainsi. Elle nous parut bien longue dans cette obscurité glacée. A tour de rôle, nous descendîmes, quelques-uns, au village de Vyans, dont nous étions tout proches. Les maisons étaient pleines de soldats de l'active et de la mobile, couchés partout, qui nous accueillirent comme des intrus venant troubler leur repos. A défaut d'un potage ou seulement d'une boisson tiède, que nous étions venus chercher, nous dûmes nous contenter de la sensation fugitive du bien-être que, transis de froid, nous éprouvâmes en pénétrant, un instant, au milieu de cette chaude atmosphère où dormaient des camarades plus heureux.

*
* *

Le 16, au réveil, bien que la vallée fût noyée dans un épais brouillard, les deux artilleries ouvraient le feu dès l'aube. Mais l'infériorité de nos anciennes pièces était manifeste.

Une batterie de 4, établie à la lisière du Grand-Bois où nous bivouaquions, ayant par son tir révélé sa position, fut, sous nos yeux, broyée en quelques instants par les grosses pièces allemandes. Leurs obus monstrueux, tombant avec une précision effrayante, culbutèrent hommes et chevaux, et anéantirent le matériel.

Devant d'aussi terrifiants résultats, notre artillerie, à l'exception des batteries de gros calibre, se taisait parfois pour ne pas inutilement se révéler aux coups de l'ennemi.

Nous quittions de bonne heure le bivouac,

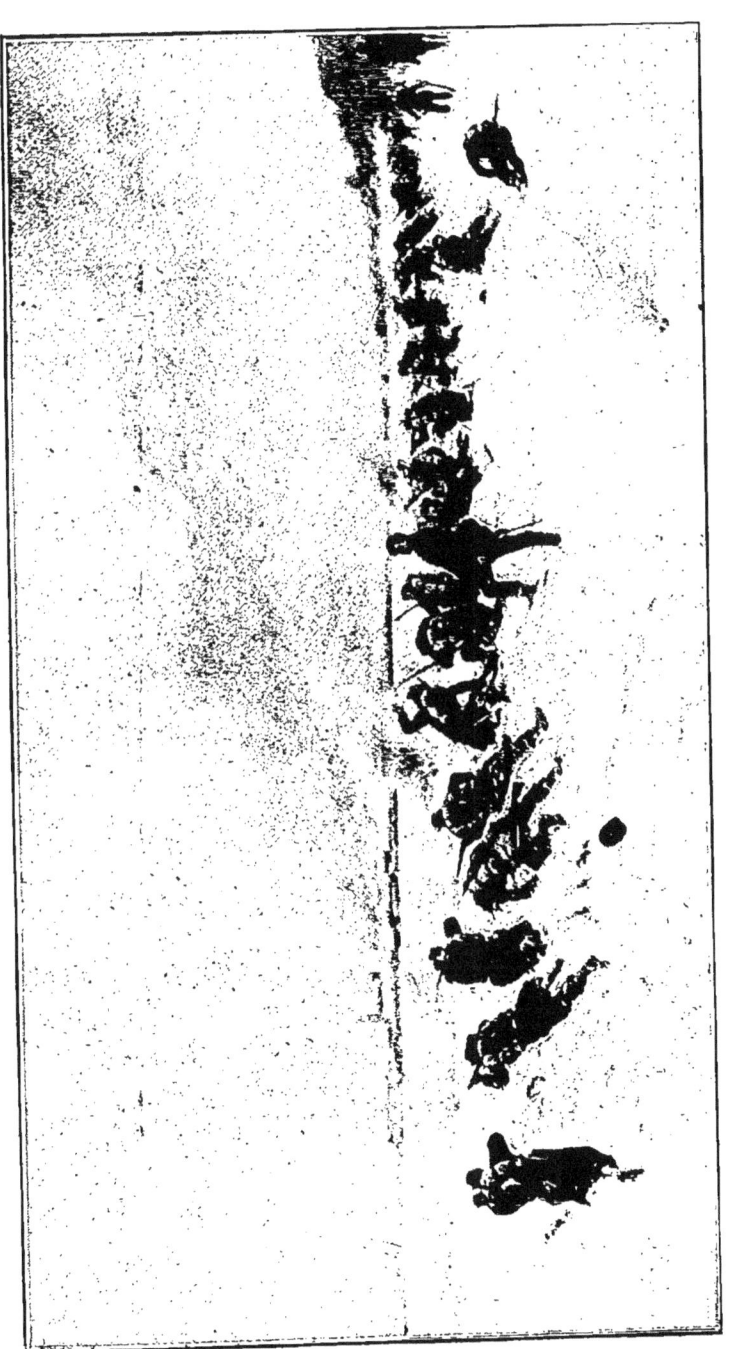

Théodore Lavigne, pinx.

LA Ire LEGION A HÉRICOURT (16 janvier).

pour opérer une marche sous bois et prendre part à l'action générale. Au-dessus de nos têtes, les balles des shrapnells faisaient dans les hautes branches un bruit de grêle assez impressionnant, quoique peu meurtrier. Le combat reprenait, avec le crépitement lointain de la mousqueterie des avant-postes, la grosse voix du canon et, de temps en temps, le craquement des mitrailleuses.

Au milieu de tout ce tintamarre, l'insuffisance du service médical, absent du champ de bataille, faisait aux hommes une impression d'inquiétude déprimante. Ils craignaient, en effet, non sans raison, de se voir, s'ils étaient blessés, oubliés dans quelque fourré. Ces craintes, il est triste de le dire, étaient justifiées, car de nombreux blessés périrent ainsi de froid faute de soins immédiats.

A huit heures du matin, la Ire Légion prenait position entre Vyans et le bois du Chanois, derrière une batterie de 12 canonnant les retranchements prussiens établis devant Héricourt. Vers midi, un grand nombre de fantassins, appartenant surtout au 89ᵉ provisoire, quittaient le bois après avoir abandonné leurs postes, et se rabattaient de notre côté en plein désordre. Il fallut déployer plusieurs compagnies de la Légion, baïonnette au canon, pour ramener et maintenir ces fuyards sur la ligne du combat.

Un peu plus tard, notre régiment allait occuper le bois du Chanois, le long de la route descendant vers Bussurel. Il avait ses sentinelles placées à la lisière opposée, sur les bords de la Lisaine.

A la surface de la rivière gelée, de loin en loin, des emplacements noirs indiquaient les points où la glace avait été rompue par les Prussiens.

En face de nos sentinelles, sur l'autre rive, se dressait à quelque distance, comme un grand rempart, la levée du chemin de fer sur laquelle étaient établies les batteries ennemies. D'une rive à l'autre, les petits postes dissimulés des deux armées échangeaient continuellement des coups de fusil, pendant que, par-dessus les hautes frondaisons blanches de givre, se croisaient les obus des artilleries.

A la chute du jour, la Légion, rassemblée, allait se poster à travers champs, embusquée derrière des bouquets de bois, pour surprendre au passage les batteries que, disait-on, les Allemands, dans la crainte d'une attaque nocturne, retiraient chaque soir du remblai de la voie ferrée pour les y reconduire le lendemain matin. Les indications données étaient sérieuses; mais notre mouvement avait sans doute été prévu ou découvert, car rien ne passa.

**

Dans la partie du bois du Chanois traversée par la route allant sur Bussurel, celle-ci est, du côté de la Lisaine, séparée du bois par un fossé profond, très large. C'est dans ce fossé que la 1re Légion s'installa au bivouac et disposa ses feux, ayant à sa droite, au coude de la route, la 1re division, et à sa gauche un bataillon du 84e mobiles du Var.

Bien que dérobés à la vue de l'ennemi par un épais rideau de grands arbres occupant tout l'espace entre la route et la rivière, il nous était recommandé de modérer le plus possible les feux, dont la fumée eût pu révéler notre présence. Le froid, cependant, continuait de sévir avec la même intensité, et les hommes le supportaient d'autant plus mal qu'ils n'avaient d'autre nourriture que du biscuit gelé, que l'on devait casser à coups de crosse, et de maigres rations de riz impossibles presque à utiliser faute de suffisants moyens de cuisson. Arrêtés par l'encombrement des gares et les difficultés des charrois, les approvisionnements ne nous parvenaient plus, en effet, que d'une manière très imparfaite. Aux distributions, l'Intendance avait remplacé le pain de munition par du biscuit plus ou moins avarié et de parcimonieuses rations de riz. Les malheureux mobiles du Var, nos voisins de gauche, en étaient réduits, par l'imprévoyance de leurs chefs, à venir nous implorer de partager avec eux le peu de vivres qui nous restaient.

La rivière et les sources étant gelées, l'eau même nous manquait pour la cuisson des aliments. Nous nous en procurions en faisant fondre de la neige qui, si blanche à voir, ne nous donnait, fondue, qu'un liquide noir malsain, provoquant de nombreux cas de dysenterie.

*
* *

Pas plus que la première, cette deuxième journée n'amenait de résultats décisifs.

D'insuffisantes tentatives, mal coordonnées, sur notre droite, vers l'Allaine, au pied de Montbéliard, n'avaient rien produit, et tout s'était borné, sur ce point, à une canonnade prolongée.

Les troupes du centre, dont nous faisions partie, ne progressaient pas non plus. Insuffisamment renseignées sur les endroits guéables, elles avaient échoué dans plusieurs tentatives de traverser la Lisaine. Disposées en colonnes trop peu profondes, et mal soutenues par notre artillerie, elles se jetaient dans l'eau glacée, tiraillaient quelques instants sous le feu meurtrier des Prussiens embusqués sur l'autre rive, et, chaque fois, elles devaient se replier en abandonnant de nombreux morts, tués par le feu ou noyés dans les parties profondes de la rivière.

Seules, vers notre gauche, les divisions Cremer et Penhoat avaient, avec succès, prononcé une action contre Chenebier qu'elles occupèrent à la fin de la journée. Mais l'extrême fatigue des soldats, torturés par le froid, ne permit pas de pousser plus avant.

De ce côté, nous n'étions plus qu'à huit kilomètres de Belfort, où, depuis plusieurs jours, les assiégés devaient entendre se rapprocher le canon de l'armée de secours.

Après une interminable nuit d'insomnie, passée, comme la précédente, à grelotter dans notre fossé autour de feux maigres, où nous calcinions nos chaussures mouillées sans parvenir à nous réchauffer, l'aube du 17 apparut dans la brume d'un ciel bas, tout chargé de nuages précurseurs de la neige.

En même temps, la canonnade qui, la veille, n'avait cessé qu'au soir, reprenait sur tout le front de bataille, accompagnée en sourdine du grondement lointain du canon de Belfort. Prodigue de ses munitions, l'artillerie allemande tirait sur nos corvées allant et venant au village de Vyans, ce qui les obligeait à de grands détours. Ses artilleurs prenaient pour cible même les isolés traversant la zone dangereuse, et en blessaient plusieurs. La partie battue était criblée de taches sombres marquant, sur la neige, les points de chute des obus. Des légionnaires rentraient avec leur capote déchirée, leur sac troué par des éclats. Un de ces soldats, atteint au flanc et y portant la main, la retirait toute rouge; il accourait, geignant, et l'on se disposait à le conduire à l'ambulance, lorsqu'on s'aperçut que ce qu'il avait pris pour du sang était le vin échappé de son bidon crevé. L'incident se terminait par un rire général auquel s'associait le soi-disant blessé.

Les hommes continuaient d'être en proie aux souffrances d'une température exceptionnellement froide, souffrances qu'aggravait la privation de vivres, les convois n'ayant pas rejoint. Des soldats en grand nombre se jetaient, affamés, sur les cadavres des chevaux d'artillerie tués, et y taillaient, en pleine chair, une nourriture qu'ils mangeaient presque crue.

Vers dix heures du matin, la neige dont nous étions menacés se transformait en une pluie abondante, transperçant nos vêtements et faisant, autour de nous, un immense lac de boue glacée où nous pataugions abominablement.

Sous ce lamentable déluge, qui achevait notre détresse, toute énergie était paralysée. Dans la Légion, chefs et soldats, enveloppés de méchantes couvertures, s'immobilisaient au fond du fossé où l'eau envahissait notre bivouac et éteignait nos feux. En face de nous, d'ailleurs, le silence de l'infanterie prussienne était presque complet; seule, l'artillerie continuait son tir, mais avec lenteur et sans grand effet.

Le même abattement accablait à peu près toute l'armée. Il n'était que trop justifié par l'épuisement des hommes, privés de nourriture, terrassés par le froid de 20 degrés au-dessous de zéro qu'ils subissaient en plein air, sans repos ni sommeil, depuis trois jours, et qui provoquait de nombreux cas de congélation.

*
* *

Il devenait bien difficile, dans de telles conditions, de tenter avec quelque chance de succès l'action vigoureuse qui, sur un point quelconque, eût peut-être pu enfoncer la ligne de défense de l'ennemi. C'est l'argument qu'avait invoqué, le matin même, le colonel Valentin, quand le général de Busserolle, commandant notre division, lui avait proposé de lancer la Ire Légion à l'assaut des batteries établies sur le chemin de fer, devant Héricourt, opération qu'il eût été impossible de faire appuyer par les corps voisins, dans le triste état où ils se trouvaient.

L'avis du colonel Valentin, il le rappela plus tard, était que :

« Pour assurer le succès sur Héricourt, il eût fallu, dès le 15 au soir, faire traverser la Lisaine à tout le 24e corps, lui faire occuper les positions et les bois en avant de Bussurel, et arriver ainsi à tourner Héricourt, pendant que la plus grande partie des forces ennemies étaient attirées au nord par l'attaque du 18e corps et de la division Cremer. Cette opération eût été facile vers trois heures de l'après-midi, en prononçant l'attaque à environ un kilomètre au sud de Bussurel. »

Quoi qu'il en soit, l'échec de la dernière tentative sur Montbéliard avait obligé le 15ᵉ corps à évacuer la ville et, à l'autre extrémité de nos lignes, la division Cremer était immobilisée à Chenebier.

Dans l'après-midi de ce troisième jour, le général en chef Bourbaki avait parcouru le champ de bataille. Après avoir constaté, avec désespoir, les ravages causés par le maudit hiver dans les rangs de son armée, il avait vu la partie définitivement perdue. Résistant aux conseils de son entourage, qui voulait tenter une dernière attaque contre l'aile droite allemande, il se résigna à la retraite.

Il venait d'apprendre que Manteuffel accourait à marches forcées, qu'il occupait déjà Gray, et il ne voulait pas s'exposer à être pris en cas d'insuccès.

La nouvelle situation exigeant un certain temps pour se dénouer, les troupes durent passer au bivouac une troisième nuit, plus pénible peut-être que les deux précédentes après la pluie glaciale de la journée, et qui fit encore quelques victimes.

※
※ ※

Le 18, à neuf heures du matin, la Ire Légion était relevée de sa position le long de la route traversant le bois du Chanois, par le 4e bataillon des mobiles de la Loire. Elle se retirait de l'autre côté de Vyans et s'installait, pour la journée, dans les bois dominant le village, dont ses quelques maisons ne permettaient pas d'assurer un complet cantonnement et, encore moins, de nous approvisionner.

Toute cette région avait été absolument épuisée de vivres et de ressources par l'occupation prussienne. Nous dûmes nous contenter de faire cuire un peu de riz, auquel les plus prévoyants ajoutèrent des quartiers de viande de cheval découpés en biftecks qui, convenablement assaisonnés, constituaient un régal dont nous étions privés depuis longtemps. Nous nous faisions ainsi, bon gré, mal gré, les premiers propagateurs de l'hippophagie, qui s'est bien développée depuis avec la création des boucheries chevalines, et ce repas, pris en paix, nous réconfortait un peu au moral comme au physique.

Dans le cours du jour, nous apprenions de façon officielle que la retraite était décidée. Au surplus, le silence des batteries allemandes indiquait que, brisées de fatigue autant que nous, les troupes ennemies étaient sur le point d'abandonner aussi leurs positions, qu'elles quittèrent, en effet, avant la nuit.

*
* *

Ces trois journées de bataille avaient coûté des pertes beaucoup plus grandes à l'armée française qu'aux Allemands. Ceux-ci perdaient 58 officiers et plus de 2.000 hommes tués ou blessés.

De notre côté, l'Etat-Major portait, en l'exagérant peut-être, le chiffre de nos pertes à 8.000 hommes. Dans ce chiffre, la Ire Légion, corps de réserve, ne figurait guère que pour une centaine de tués, blessés ou disparus; mais elle dut évacuer un nombre beaucoup plus grand de malades. Il en était de même des autres régiments subissant, comme nous, les conséquences meurtrières d'un refroidissement excessif de température que les privations empêchaient de supporter.

Ces circonstances exceptionnellement défavorables contribuèrent, jointes aux hésitations du haut commandement, à annihiler les efforts d'une armée à qui ses débuts brillants promettaient un meilleur sort, mais dont, par la suite, on ne sut utiliser ni l'ardeur des officiers, ni le dévouement des soldats.

Comme dans la Côte-d'Or et à Villersexel, les patriotiques populations de l'Est conservent le pieux souvenir des combats de la Lisaine dans des monuments érigés à Héricourt, à Montbéliard, à Chenebier, à Chagey.

Il existe, en outre, dans les cimetières d'une vingtaine de communes environnantes, des sépultures concédées par les municipalités où, sous des monuments visités aux anniversaires, et dont plusieurs sont fort beaux, dorment les soldats français tués dans les divers engagements de janvier 1871.

XIV. — *Retraite de l'Armée de l'Est.*

Départ d'Héricourt

La journée du 18 janvier, dans les bois, au-dessus de Vyans, sans être absolument consacrée au repos, nous avait cependant un peu soulagés de la fatigue des jours précédents et des nombreuses nuits passées à la belle étoile. Lorsque, vers le soir, l'heure arriva de nous mettre en route pour la retraite, notre régiment semblait pouvoir le faire en assez bon ordre.

Mais la première étape allait nous obliger à une marche de nuit, exécutée dans des conditions extrêmement pénibles, peu propres à relever le moral déjà fort affecté des hommes.

Les instructions portées au rapport du jour prescrivaient d'allumer sur notre front, avant le départ, de grands feux destinés à tromper l'ennemi en lui faisant croire à notre présence. Quand la division se mit en mouvement, la nuit était venue, l'obscurité semblait d'autant plus profonde que nous nous engagions dans une forêt à la végétation très serrée, où pas un coin de ciel n'apparaissait.

Sur l'épaisse couche de neige recouvrant le sol et rendue glissante par un commencement de dégel, nous marchions silencieux, dormant malgré nous, dans un chemin à peine praticable où nous trébuchions à chaque pas.

Notre régiment formait l'arrière-garde, ce qui nous obligeait à des haltes fréquentes pour attendre la chute d'arbres que le génie, au fur et à mesure de l'avancement de la colonne, abattait derrière nous, afin de protéger notre retraite contre la poursuite des Allemands.

Nous allions ainsi, dans la nuit, accablés et somnolents, accompagnés sur notre droite par le grincement continu des roues des fourgons et des canons qui suivaient une route parallèle, et secoués de temps en temps par l'énorme craquement des arbres abattus.

Un moment, un autre bruit étrange nous fit frissonner tous : c'étaient des gémissements partant d'une charrette qui nous précédait, chargée de blessés jetés sur de la paille, sans même une couverture; chaque cahot arrachait à ces malheureux une douloureuse plainte, et l'on ne pouvait rien entendre de plus lamentable.

Enfin, après une marche éreintante de six heures, nous sortions de cette interminable forêt; le chemin suivi par la colonne débouchait dans une large vallée fermée au loin par une ligne de hautes montagnes, vers lesquelles nous nous dirigions.

Tout à coup, sur notre gauche et devant nous, partent de toutes les hauteurs environnantes de longues fusées éclatant dans le ciel étoilé. Ces fusées sont lancées par l'ennemi, que la feinte des feux de bivouac allumés n'a pas trompé, et qui nous signale ainsi à ses troupes occupant encore la région. Les Prussiens ont, en effet, éventé notre départ au moment où, eux-mêmes, se disposaient à abandonner leurs positions. Ils se sont aussitôt ravisés et, au lieu de se retirer sur leurs communications, se sont lancés à notre poursuite.

Nous continuons cependant, sans encombre,

notre marche en retraite. A un moment donné, la colonne s'arrête : le guide qui la conduit s'est égaré dans cette campagne où la neige a tout nivelé, et où ni arbres ni buissons ne jalonnent les routes. Il nous faut revenir sur nos pas, nous arrêter de nouveau, jusqu'à ce que le guide ait retrouvé son chemin. Les fusées-signaux continuent de monter très haut dans le ciel, ce qui n'est pas sans causer quelque inquiétude.

La colonne repart. Elle traverse successivement Laire, Raynans, Saint-Julien, où tout est fermé et endormi.

Maintenant, nous avons devant nous un convoi de voitures, de fourgons et d'artillerie long de plusieurs kilomètres, qui ralentit notre allure et occasionne à chaque instant des à-coups dans la marche. La fatigue augmente et, avec elle, le désordre. A mesure que nous avançons, la colonne laisse des traînards sur les bords de la route, où ils s'asseyent dans la neige et s'endorment aussitôt.

Vers cinq heures du matin, nous faisons halte au village de Sainte-Marie; les troupes s'y entassent et, succombant au sommeil, nous

nous couchons tout habillés, n'importe où, et dormons pendant deux heures. A sept heures nous repartons, laissant en arrière les camarades les plus abattus qui n'ont pu se lever.

Le désarroi s'aggrave. Sur les trois routes parallèles que suit la division, voitures, fantassins, cavaliers, avancent pêle-mêle; toutes les armes sont confondues. Il semble qu'il n'y ait plus de direction. Seules, quelques troupes de l'active et la Légion sont encore dans les mains de leurs chefs.

C'est dans ces conditions qu'avec l'ennemi à notre poursuite, nous traversons Arcey — où quelques jours auparavant nous battions les Prussiens — et que nous atteignons Faimbe, le 19, à onze heures du matin, après une étape de vingt kilomètres à peine que notre colonne a mis quinze heures à parcourir.

Et pourtant, l'armée de l'Est n'a pas subi une de ces défaites sanglantes qui engendrent la déroute. Elle s'est d'elle-même mise en retraite, opérant après son échec contre des positions fortifiées, un simple mouvement en arrière, avec l'espoir de se ressaisir peut-être en reportant son action sur un autre terrain. Mais les souffrances physiques endurées par ses soldats ont été trop fortes; elles ont annihilé momentanément leur énergie morale.

Notre repos à Faimbe n'est pas de longue durée. Toute la 3ᵉ division en repart le 20, à une heure du matin, pour une nouvelle marche de nuit qui l'amène à l'Isle-sur-le-Doubs où elle traverse la rivière.

Le jour a paru. Pendant un court arrêt dans le bourg, nous voyons défiler plusieurs grands chars du Jura transportant des blessés, parmi lesquels se trouve notre pauvre sous-lieutenant Basset, évacué de Chavanne sur Lyon.

Nous prenons la route longeant la rive gauche du Doubs pour aller faire la grand'halte à Clerval. Cela nous permet d'apercevoir dans la gare, exposés aux intempéries sur une voie de garage, plusieurs wagons chargés de pains que la neige et la pluie ont à moitié pourris, et qu'il n'a pas été possible, paraît-il, de faire arriver jusqu'aux troupes combattant sur la Lisaine; elles les eussent pourtant bien accueillis.

Lantenans. — Rendevillers. — Fuans.

Au départ d'Héricourt, le général Bourbaki n'avait eu, pour son armée en retraite, d'autre objectif que Besançon où il espérait tenir contre les troupes allemandes. Le gros de l'armée de l'Est s'écoule donc le long de la vallée du Doubs, pendant que le 24ᵉ corps reçoit mission d'aller protéger sa gauche, en surveillant les défilés de la chaîne du Lomont, et de couvrir Clerval, centre d'approvisionnements de l'armée.

Laissant la 3ᵉ division continuer sa retraite, la Iʳᵉ Légion, le 4ᵉ bataillon de la Loire et une section d'artillerie de la 2ᵉ Légion sous les ordres du colonel Valentin, s'en détachent suivant les instructions reçues, et vont, en quittant Clerval, prendre, par Auteuil et Glainans, la route de Blamont pour occuper Lantenans, où la colonne arrive le 20, à dix heures du soir. Elle pourra, de là, surveiller la route et la couvrir au besoin en cas d'attaque.

Nous séjournons trois jours dans ce village, où il nous est possible, enfin, de dormir abrités. Le désordre momentané de la marche en retraite se répare, les traînards rejoignent et notre régiment reprend bien vite son allure normale.

Le pays est admirable. La route pittoresque suivie par la colonne est encaissée entre des rochers couronnés de sapins, comme toutes les montagnes qui entourent Lantenans. L'air dans la région, est très pur.

Mais, après tant de souffrances endurées, les maladies s'abattent sur le cantonnement. Les fièvres, les fluxions de poitrine, la dysenterie surtout font de cruels ravages. Les rangs s'éclaircissent, car, dès le surlendemain de l'arrivée, il a fallu, d'un seul coup, évacuer cent quarante malades.

En outre, notre position avancée nous expose à être cernés par les Allemands qui, sur les talons de notre armée, viennent de franchir la rivière à l'Isle-sur-le-Doubs.

Le 23, dans la soirée, nos avant-postes ont reçu leur visite et échangé avec eux quelques coups de fusil. A neuf heures du soir, l'ordre arrive de rétrograder sur Glainans, de traverser le Lomont, et de nous replier par Vellerot, Rahon et Sancey, sur Rendevillers.

Le départ de Lantenans a lieu une heure après. La chaîne du Lomont est traversée le lendemain, à la pointe du jour, sur une route coupée en plusieurs endroits afin d'empêcher l'artillerie d'y circuler, et ce n'est pas sans difficultés que nous parvenons à faire passer les deux pièces de notre section.

**

L'énorme ossature du Lomont, dont certains sommets dépassent 800 mètres d'altitude, barre, de Baume-les-Dames à Blamont, sur quarante-cinq kilomètres de longueur, tout le territoire entre le Doubs et la Suisse; une seule coupure existe dans la chaîne, faite par la rivière à Pont-de-Roide. Depuis 1870, des fortifications, commandant plusieurs passages, complètent puissamment la valeur défensive de cet arrêt.

Par les claires journées de printemps, le panorama offert sur ces sommets se déroule jusqu'aux Vosges, jusqu'aux plaines du Rhin et sur toute la Franche-Comté. Mais nous franchissons la montagne en hiver, — et quel hiver! — et n'y rencontrons que des amoncellements de neige tourbillonnant dans la bourrasque, sous un froid si dur, si âpre, que les beautés grandioses du paysage nous laissent assez indifférents.

Sur le flanc méridional, nous faisons halte à Rahon et, à dix heures du matin, le 24, arrivons à Rendevillers, où un séjour de vingt-quatre heures à peine nous remet un peu de notre marche de nuit.

***

En continuant dans la même direction, nous irions sur Besançon. Il semble que ce soit là l'intention du commandement, car, pour alléger la colonne, il fait partir en avant, le même jour, à minuit, les bagages et les malades de la division en les dirigeant sur Passavant. Ils n'y parviendront pas, du reste; l'approche de l'ennemi les obligera à se rabattre vers Pontarlier, d'où ils réintégreront Lyon par Mouthe.

Quant à la Ire Légion, elle quitte Rendevillers le 25, à six heures du matin, sur la route prise par le convoi, la veille. Parvenue à Vellevans, après avoir parcouru à peine quatre kilomètres, un ordre du général lui fait rebrousser chemin sur Vellerot pour coopérer, avec la 1re division du 24e corps, à la garde des passages du Lomont, du côté de Pont-de-Roide.

Notre colonne fait demi-tour; elle retraverse Rendevillers et Sancey, et atteint Rahon vers onze heures du matin. A l'arrivée, le colonel apprend que la 1re division a quitté ses positions du Lomont. Il en avise aussitôt le général, en lui exposant l'inutilité, sinon le danger, d'aller occuper Vellerot que, maintenant, l'ennemi peut facilement tourner.

Néanmoins, nous gagnons Vellerot. Dans la journée, ordres et contre-ordres se succèdent, nous laissant finalement sur place jusqu'au lendemain.

Enfin, le 26, à six heures du matin, emmenant avec nous un bataillon de la 2e Légion et une batterie de montagne, nous rétrogradons sur Rahon, où un nouvel ordre nous retient. Mais, vers dix heures, dans la matinée, des vedettes laissées à Vellerot accourent informer le colonel que l'ennemi a franchi les défilés du Lomont et descend sur le village. Rahon, situé au fond d'une cuve, n'est pas défendable. Valentin prend sur lui de se replier un peu plus loin, sur les hauteurs dominant Sancey-le-Grand, qui constituent une position magnifique Il rend compte de son mouvement au général de Busserolle qui, en réponse, lui fait porter l'ordre verbal de poursuivre jusqu'à Pierre-Fontaine où, par une route différente, il se dirige lui-même avec toute la 3ᵉ division.

*
* *

Ces tergiversations ont nécessité un stationnement de deux heures au-dessus de Sancey après lequel, conformément aux ordres reçus, la marche reprend sur Pierre-Fontaine, que nous atteignons vers quatre heures du soir.

Ici se produit un incident fort grave, dont le colonel Valentin a assumé la responsabilité, et qui lui a attiré les sanglants reproches de ses chefs.

A peine installés à l'étape de Pierre-Fontaine, le colonel reçoit l'ordre de revenir encore sur ses pas, de se reporter en avant et de se diriger sur Vaudrivillers par Sancey, Rendevillers, Vellevans et Lanans. Il s'agit, cette fois, de coopérer à un mouvement offensif général de tout le 24ᵉ corps sur Passavant.

*
* *

A ce moment, la situation était des plus critiques. Toute l'armée de l'Est, à l'exception du 24ᵉ corps, était depuis deux jours autour de Besançon, entourée de trois côtés par les Allemands qui, de la sorte, barraient les routes reliant directement cette place forte à Lyon. Dans l'impossibilité de faire vivre tant de monde sur Besançon, dont les approvisionnements s'épuisaient, Bourbaki avait, le 24, réuni un Conseil de guerre qui, après une discussion animée, se prononça pour la retraite sur Pontarlier, avec l'espoir de gagner, le long de la frontière, la vallée du Haut-Rhône.

Pour la mise à exécution de cette décision, il fallait d'abord refouler les troupes prussiennes au nord de Besançon, afin d'avoir notre liberté de mouvements. C'est pour participer à cette action générale que notre colonne était rappelée sur Passavant éloigné de plus de trente kilomètres.

*
* *

L'annonce de ce nouveau changement de direction met le colonel Valentin dans le plus grand embarras. Il vient d'apprendre, en effet, que la 1^(re) division entière, battue à Passavant, s'est repliée du côté de la frontière, sur Fuans, poursuivie de près par l'ennemi qui occupe déjà Vercel, à une douzaine de kilomètres à peine de Pierre-Fontaine. Le colonel craint que le général de Busserolle, depuis l'envoi de sa dépêche, n'ait, avec tout le 24e corps, été entraîné par la déroute sur Fuans.

En supposant même qu'elle puisse arriver à propos à Vaudrivillers, comment la I^(re) Légion, avec la moitié de ses hommes malades ou se traînant avec peine, pourra-t-elle être utilisée, après la nouvelle et pénible étape qu'on lui impose ?

Ainsi que Valentin le dit plus tard en se justifiant :

« Non, cet ordre n'était pas exécutable : y

donner suite, c'eût été commettre une faute grave, presque une folie; c'eût été exposer la division entière à tomber au pouvoir de l'ennemi; car, personne ne le contestera, de toute l'infanterie de cette division, la Ire Légion et les deux compagnies de chasseurs à pied avaient seules conservé leur moral, maintenu de l'ordre, de la discipline, et se battaient encore. Le reste, affaibli par les maladies et le manque de vivres, n'était plus qu'un embarras. »

*
* *

Son parti arrêté, le colonel Valentin expédie deux officiers déguisés à la recherche du général, pour l'en informer, et lui apprendre en même temps, s'il ne la connaît déjà, la déroute d'une partie de ses troupes. Puis, les hommes un peu reposés et tant bien que mal réconfortés, il fait continuer la retraite sur Fuans.

Cette étape devait être la plus longue et la plus dure peut-être que nous ayons faite au cours de la campagne. Commencée à Vellerot, le 26 au matin, poursuivie avec, dès le début, des flottements, des contre-ordres, de longues haltes plus fatigantes que la marche elle-même, continuée de nuit dans les plus mauvaises conditions, elle ne se termina que le 27, vers quatre heures du matin.

A partir de Pierre-Fontaine, quitté à six heures du soir, la marche forcée prend une allure extraordinaire, dans des chemins impossibles, parfois à travers champs avec de la neige jusqu'aux genoux. La colonne va s'égrenant tout le long de la route. La région parcourue est un plateau élevé, d'une altitude moyenne de 700 mètres, où règne un vent glacial courant à travers des bouquets d'énormes sapins chargés de neige, qui donnent au paysage un caractère sévère. Nous traversons successivement plusieurs villages, où tout dort et où, chaque fois, des soldats s'arrêtent, exténués, vaincus par le sommeil, implorant des habitants qu'ils réveillent, un coin de grange pour s'abriter du froid et se reposer.

La marche continue, avec la colonne à chaque pas diminuée. Il semble que ceux qui restent, les plus vigoureux, en activent l'allure afin d'atteindre plus vite l'étape où les attend, ils l'espèrent du moins, un gîte réparateur. Et quand nous arrivons à Fuans, en pleine nuit, les compagnies ont littéralement fondu : elles ne comptent plus, chacune, que leurs officiers et trois ou quatre hommes. Nous sommes en route depuis vingt-deux heures et avons parcouru, sur un sol recouvert de cinquante centimètres de neige, près de soixante kilomètres.

Nous trouvons à Fuans un immense convoi et tout le parc de réserve de l'artillerie du 24e corps, dont la 1re division a déjà traversé la ville, continuant sa retraite sur Morteau. Cette triste constatation semble justifier les craintes du colonel Valentin et la décision qu'il a prise.

Il s'agit, à présent, de se reposer quelques heures, et d'attendre les traînards qui, peu à peu, rejoignent. Les hasards du logement donnent à ma compagnie une des maisons les plus confortables du bourg, habitée par la famille d'un évêque, en visite quelques jours avant chez ses parents. Monseigneur est parti, laissant libres une excellente chambre, un lit douillet, attribués naturellement à notre capitaine. Ce brave officier en a d'ailleurs grand besoin pour se refaire. Bien que doué d'une robuste constitution et endurci par plusieurs campagnes, les tribulations des dernières journées l'ont terrassé.

Quant aux hommes, ils ont le choix entre des fenils délicieusement chauffés par le voisinage des étables, et une belle remise dallée où se trouve encore le carrosse de l'évêque, dans lequel vont dormir une demi-douzaine de privilégiés. Toute la Légion est, du reste, convenablement logée.

A l'appel journalier, qu'il a fallu retarder, les vides des effectifs se sont en partie comblés par l'arrivée successive des retardataires.

Dans la journée, des dispositions sont prises pour protéger la retraite du convoi. On attend toujours des nouvelles du général de Busserolle, et ce n'est que dans la soirée que l'un des officiers envoyés à sa recherche vient rendre compte au colonel qu'il a rencontré le général à Orchamps, à quatre kilomètres en arrière, où il se dispose à passer la nuit.

Ce jour-là, le 27 janvier, un événement très grave, dont nous n'eûmes connaissance que plus tard par la voie de l'ordre, se passait à Besançon. Désespéré par la ruine de son armée, atterré à la pensée qu'on ferait remonter à lui seul toute la responsabilité du désastre, sans tenir compte de l'insuffisance de certains éléments de cette armée, ni de la température affreuse qu'elle avait eu à supporter, le général en chef Bourbaki tentait de se suicider en se tirant un coup de revolver à la tempe; mais le projectile déviait sur le crâne et il ne se faisait qu'une blessure légère.

Quelques heures avant, le Gouvernement de Tours l'avait relevé de son commandement, qu'il confiait au général Clinchant, le plus ancien des quatre commandants des corps d'armée de l'Est.

La mesure était peut-être tardive. En tout cas, elle ne pouvait pas modifier la situation, et le successeur de Bourbaki, partisan d'ailleurs de la retraite, donnait des ordres pour la poursuivre. Laissant deux divisions à Besançon, il prescrivait à tout le reste de l'armée de se concentrer sur Pontarlier, où il allait se rendre lui-même, afin d'assurer ses approvisionnements par la Suisse, d'étudier le terrain et de préparer l'écoulement des troupes le long de la frontière.

Pendant le séjour de vingt-quatre heures à Fuans, le colonel Valentin prend des dispositions de défense en vue d'assurer la retraite du convoi du 24ᵉ corps se dirigeant sur Pontarlier.

Dans la journée, le général de Busserolle, venant d'Orchamps, arrive à Fuans pour examiner la situation de ses troupes.

Sa visite n'amène, du reste, pas de changements dans les dispositions arrêtées et, dès le lendemain, 28, nous quittons Fuans pour la direction de Pontarlier, emmenant en traîneau le brave capitaine Lagrelle qui, malgré son état de fatigue, n'a pas voulu quitter sa compagnie.

Morteau. — Pontarlier

La route que nous suivons traverse la chaîne du Jura, au milieu de forêts de sapins superbes couverts de neige et de givre. Il fait un beau soleil qui pare de cristaux étincelants toutes les branches, toutes les brindilles des broussailles couvrant le sol. Sous sa chaleur bienfaisante, la neige accroche aux arbres, comme autant de diamants, des milliers de gouttelettes d'eau scintillantes et irisées : c'est un éblouissement. Le spectacle est merveilleux; nul décor de féerie ne saurait lui être comparé et, malgré nos fatigues, nous ne nous lassons pas de l'admirer.

A Morteau, ville des horlogers, bâtie en amphithéâtre et prenant déjà l'aspect coquet des agglomérations de la Suisse voisine, nous retrouvons le Doubs qui nous accompagnera jusqu'au delà de Pontarlier. La route, courant au fond d'une vallée étroite encaissée dans de hauts sommets, est des plus pittoresques, mais n'en est que plus pénible à parcourir.

Quand nous arrivons à Pontarlier, la ville

est bondée de troupes, ce qui nous en fait interdire l'entrée par des sentinelles placées sur le pont traversant le Doubs. Cependant, les corvées y peuvent pénétrer, et elles en profitent pour s'approvisionner de pain frais que les boulangers de l'endroit, malgré des fournées répétées, ne parviennent pas à livrer en quantité suffisante. Il y a si longtemps que nous en sommes réduits au biscuit sec.

A Pontarlier, les journaux venant de Suisse parlent de la prise de Paris et de la conclusion d'un armistice, nouvelles dont nous attendons impatiemment la confirmation.

Nous sommes au 29 janvier et, la veille, le ministre des Affaires étrangères, Jules Favre, a télégraphié de Paris à la Délégation de Bordeaux l'annonce d'un armistice de vingt et un jours, terminant ainsi sa dépêche :

« Veuillez suspendre immédiatement les hostilités en vous concertant avec le chef des forces ennemies en présence desquelles vous vous trouvez. »

La même dépêche a été adressée par le ministre de l'Intérieur au sous-préfet de Pontarlier, qui l'a communiquée aussitôt au général

Clinchant; mais celui-ci s'est refusé à la laisser publier, craignant un piège de l'ennemi.

La retraite va donc continuer dans les conditions prévues par le général en chef.

Quant à notre colonne, elle quitte Pontarlier après un repos de plusieurs heures pour aller coucher à Montperreux, sur la route côtoyant le lac de Saint-Point. Dans cette direction, nous marchons, le long de la frontière, vers la vallée du Haut-Rhône qui, si nous pouvons l'atteindre, nous ramènera aisément à Lyon.

Quittant Montperreux le 30, de bone heure, nous arrivons à Mouthe vers neuf heures du matin, où l'on nous confirme la conclusion d'un armistice général. C'est sous l'impression de cette bonne nouvelle que, revenant sur nos pas, nous allons, le soir, prendre pour gîte Sarrageois, à quatre kilomètres au nord de Mouthe.

Il va falloir, maintenant, trouver dans cette

région, bien épuisée pourtant, un cantonnement où nous pourrons nous remettre en consacrant au repos les trois semaines d'armistice.

Ordre est donné à cet effet, le 31, à la Ire Légion de remonter plus au nord encore, afin de gagner, sur la gauche de la pointe méridionale du lac de Saint-Point, la position de Vaux, où la route suit un étroit défilé qu'il importe d'occuper.

Au cours de l'étape, nous croisons des facteurs ruraux portant les placards officiels à afficher dans les communes pour annoncer aux habitants la suspension d'armes. Tout en marchant, nous faisons des projets en vue de l'emploi du temps dont nous allons disposer jusqu'à la conclusion prochaine de la paix.

Echauffourée de Vaux

Le lac de Saint-Point est le plus grand et le plus beau des lacs du Jura; le Doubs le traverse comme le Rhône traverse le Léman. En ce dur hiver, il est gelé sur toute son étendue et se confond avec ses rives couvertes de neige. Avant d'y arriver, nous prenons à gauche la route se dirigeant vers Frasne, puis traversons les Granges-Sainte-Marie et la partie du Doubs allant se jeter dans le lac.

Un peu plus loin, à environ trois kilomètres, la route franchit une gorge et débouche dans une sorte de cirque marécageux qu'elle contourne pour atteindre le village de Vaux, et s'engager ensuite dans la vallée tortueuse à surveiller.

Vers deux heures de l'après-midi, en vue de Vaux, le régiment fait halte sur la route et envoie un détachement, sous les ordres d'un capitaine, reconnaître le village.

La reconnaissance est accueillie par des coups de fusil blessant le capitaine, tuant un légionnaire et en blessant plusieurs. Elle se replie, en même temps que des débris du 15ᵉ corps qui occupaient les abords de Vaux et cèdent aussi devant l'attaque des Prussiens.

A ce moment, une fusillade éclate sur toutes les hauteurs environnantes et, brusquement, nous voyons sortir des bois qui les couronnent, des troupes françaises en débandade : soldats de la ligne, mobiles, zouaves se sauvent dans toutes les directions. C'est le reste du 15ᵉ corps que refoule une division allemande dont le corps principal vient à notre rencontre sur la route.

Le premier moment de surprise passé, la Légion se retire à quelques centaines de mètres en arrière, vers un coude de la route, où elle est défilée des coups de fusil partant de la lisière des bois qui, maintenant, est garnie de tirailleurs prussiens très visibles.

Il semble qu'après l'annonce officielle de l'armistice, cette attaque subite soit le résultat d'un malentendu. Le colonel Valentin fait retirer, en les dissimulant dans les champs voisins, les 2ᵉ et 3ᵉ bataillons, et vient ensuite, de sa personne, disposer, face à l'ennemi, des avant-postes pris au 1ᵉʳ bataillon. Mais les effectifs sont tellement réduits que les deux premières compagnies, n'existant pour ainsi dire plus, ne suffisent pas. Il lui faut recourir à la 3ᵉ, ma compagnie, où une trentaine d'hommes sont encore présents. Il les installe sur un côté de la route, en leur donnant pour consigne, si l'ennemi s'avance, de brûler toutes leurs cartouches et de se retirer à la faveur de la fumée.

Enfin, comme il importe d'être fixés sur les intentions de l'adversaire, le colonel envoie en parlementaire le capitaine Lagrelle, maintenant bien dispos, avec mission de rappeler au commandant de la division prussienne l'armistice qui vient d'être conclu.

Après s'être confectionné un fanion blanc avec sa canne, au bout de laquelle il attache le mouchoir plus ou moins immaculé que lui prête l'auteur de ces lignes, le capitaine part accompagné de son clairon. Aux avant-postes prussiens, on lui bande les yeux à l'aide d'un mouchoir plus douteux encore que celui de son fanion, et on le conduit, sur sa demande, auprès du général qui l'accueille avec une extrême politesse.

Avec beaucoup de présence d'esprit et de sang-froid, Lagrelle élude habilement les questions qui lui sont posées d'une façon insidieuse sur les noms de ses chefs, le corps auquel il appartient, etc. Puis, il en vient à l'objet de sa mission relativement à l'observation de l'armistice. Le chef allemand lui répond qu'il ignore s'il y a un armistice, qu'il n'a reçu aucune instruction à ce sujet. Il a seulement ordre d'aller, le soir même, occuper les Granges-Sainte-Marie, ce qu'il fera. Il ajoute, un peu ironiquement : « Si vos troupes veulent se ranger sur le bord de la route, pour nous regarder passer, libre à elles. » Il consent, pourtant, à n'entrer dans Sainte-Marie qu'une heure après que nous l'aurons évacué.

Le général fait ensuite reconduire Lagrelle par deux officiers, qui iront communiquer au commandant des troupes françaises le résultat de l'entrevue.

Au retour, notre capitaine a les yeux libres et peut voir, émerveillé de leur discipline, tous ces lourds soldats allemands, accroupis, à moitié endormis dans la neige, se dresser soudain et s'aligner correctement, comme à la parade, pour saluer les officiers à leur passage.

Lorsque le trio arrive à la hauteur de notre poste, les deux officiers prussiens échangent, sans s'arrêter, quelques mots en excellent français avec les légionnaires sur la rigueur de la saison, et s'éloignent en leur disant : « Paris est pris... maintenant la guerre est finie, et ce n'est pas trop tôt!... »

Ces allées et venues ont occupé le reste de l'après-midi, ce qui a permis à nos convois de se hâter vers la frontière.

L'impardonnable faute commise par notre ministre des Affaires étrangères, s'inclinant devant le refus du vainqueur de comprendre l'armée de l'Est dans l'armistice, et l'oubli plus coupable encore qui laissait ignorer cette désastreuse clause aux chefs de ladite armée, furent cause de douloureuses pertes d'hommes inutilement sacrifiés. On s'explique l'exaspération de Gambetta lorsqu'il apprit la nouvelle à Bordeaux. Se précipitant, la dépêche à la main, dans le cabinet de Freycinet, et apostrophant le général Thoumas : « Je comprends, s'écria-t-il, qu'un avocat tremblant de peur ait commis cette balourdise, cette infamie; mais Favre était assisté d'un général; que le sang de l'armée de l'Est et la honte de la défaite retombent sur lui! (1) »

La conséquence de cette regrettable situation était particulièrement funeste pour la Ire Légion qui, si elle n'eût été arrêtée dans sa marche en arrivant à Mouthe, pouvait, en forçant les étapes, atteindre en deux jours, à Bellegarde, la vallée du Rhône où elle était sauvée.

Dernière phase de la Retraite

Aussitôt après le passage, devant nos avant-postes, des officiers allemands envoyés en parlementaires, l'ordre est donné de nous replier par la route traversant Les Granges-Sainte-Marie. La nuit approche, il faut se hâter. Pour retarder, s'il était nécessaire, la poursuite de l'ennemi, le feu est mis au pont de bois sur lequel la route traverse le Doubs, et nous reprenons la retraite jusqu'aux Hôpitaux-Vieux, sur la promesse rapportée de sa mission par le capitaine Lagrelle, que les troupes allemandes

---

(1) *La Guerre*, par Chuquet, p. 266.

n'entreront à Sainte-Marie qu'une heure après notre départ de ce village.

Aux Hôpitaux, notre gîte d'étape, toutes les maisons sont pleines de soldats, en grande partie des mobiles, que nous rudoyons un peu pour qu'ils nous fassent place.

Nous repartons le lendemain matin, 1er février, pour Jougne, nous rapprochant ainsi de la Suisse dont, maintenant, quatre kilomètres à peine nous séparent.

Commencée il y a quatorze jours dans les plus mauvaises conditions, la retraite va s'achevant en catastrophe. Par toutes les routes menant à la frontière, c'est une ruée confuse d'hommes hâves, affamés, déguenillés, que la toux déchire, que la dysenterie prend aux entrailles. Piétons, cavaliers, canons, caissons, véhicules de toute sorte défilent dans un mélange inextricable, se hâtant vers le même but, se bousculant pour y parvenir plus vite.

A tout instant, ce sont des à-coups dans la marche, de brusques arrêts provoqués par des ruptures d'attelages, des chutes de chevaux efflanqués, tombant à bout de forces, ou refusant de marcher, et qu'on dételle aussitôt en renversant leurs voitures sur les accotements de la route où s'écroulent les chargements. Abandonnés sur place, les chevaux dételés, tremblants sur leurs jambes, lèchent longuement la neige, s'affaissent sur les genoux et se couchent enfin sur le flanc pour mourir. Ceux qui marchent encore rongent, pour tromper leur faim, l'arrière-train des charrettes ou les roues des caissons.

Cette lamentable cohue s'écoule interminablement entre deux haies de véhicules renversés, de caisses éventrées, de tonneaux défoncés, d'où s'échappent des vivres que les soldats pillent en passant. Au milieu de ces débris, gisent des cadavres de chevaux aux jambes raidies et, de loin en loin, s'aperçoivent de petits monticules recouverts de neige, où l'on devine la forme humaine de quelque malheureux que le froid et la mort ont surpris endormi.

Dans cette confusion de tous les uniformes, de toutes les armes, on ne distingue ni les régiments, ni les chefs. Ce n'est plus, hélas! sauf pour quelques corps, qu'une foule démoralisée obéissant au seul instinct de conservation.

Les Prussiens, en effet, nous talonnent et nous poussent vers l'inévitable refuge sur le sol étranger, pendant que l'armée de Manteuffel active sa marche foudroyante pour nous barrer au sud toutes les issues.

Sur quelques points cependant : à La Cluse, à Chaffois, de courageuses résistances ont été tentées. Ces héroïques sacrifices d'hommes ont, en contenant l'assaillant, permis de garder les défilés par où devra s'écouler la retraite.

En présence d'un tel désastre, le général Clinchant a dû se résigner à se réfugier en Suisse avec son armée et, dans la nuit du 31 janvier au 1er février, il a signé la convention réglant les conditions mises par le Gouvernement fédéral à l'entrée des troupes françaises sur son territoire.

A Jougne, nous trouvons un village que l'incendie a ravagé et détruit en partie cinq ou six mois auparavant, et dont les ruines ne sont point encore réparées. Nous poursuivons notre route à trois kilomètres plus loin, jusqu'aux Echampés, village touchant l'extrême frontière.

Notre régiment, un des rares corps ayant, pendant la retraite, gardé l'allure régulière d'une troupe disciplinée, va assister là, durant deux jours, à l'interminable défilé des colonnes s'acheminant en désordre vers le poste par lequel elles pénétreront en Suisse.

Avec son entêtement patriotique d'Alsacien, le colonel Valentin ne peut se résigner à suivre le mouvement général. Il emploie toute la journée du 1er février et une partie du lendemain à rechercher le moyen d'échapper à cette triste obligation, se renseignant auprès des habitants, leur demandant des guides pouvant diriger la Ire Légion par des chemins détournés, qui lui permettraient de se soustraire au sort commun en franchissant le cercle de fer dont nous sommes entourés.

Personne ne consent à assumer une aussi grave responsabilité, à cause des dangers qu'offre le parcours par des sentiers pleins de fondrières, où les hommes risqueraient d'être ensevelis dans les neiges, dangers qu'on ne pourrait éviter qu'en empiétant sur le territoire neutre de la Suisse.

Forcé de s'incliner devant ces impossibilités, le colonel fait prendre les dispositions pour le départ, dans l'après-midi du 2 février. Les éclaireurs allemands sont d'ailleurs signalés à moins d'un kilomètre et, de ce côté, notre régiment reste seul sur le sol français.

A huit heures du soir, le même jour, rassemblée en ordre parfait, chaque officier à sa place de bataille, la Légion se met en marche et se présente au poste suisse. C'est la dernière troupe franchissant la frontière en cet endroit.

Le poste est à peine éclairé. Les soldats suisses qui l'occupent appartiennent aux troupes des cantons allemands, et c'est avec un fort accent tudesque, dont l'impression est assez pénible en la circonstance, qu'ils nous donnent les indications nécessaires.

Devant nous se dresse, en un monticule énorme, l'amoncellement des milliers d'armes jetées pêle-mêle sur le sol par les troupes qui nous ont précédés.

A notre tour, en défilant un à un, nous lan-

çons nos fusils, nos baïonnettes sur le tas, où leur chute fait un navrant bruit de ferraille.

Les soldats suisses retirent leur épée aux officiers (1).

Ce désarmement brutal imposé aux vaincus atteste bien notre triste défaite, et c'est le cœur sombre que, quittant le poste frontière, nous nous reformons, sans armes désormais, et nous éloignons silencieux dans la nuit noire, pour aller coucher à Ballaigues, en territoire étranger.

---

(1) C'est par suite d'une erreur qu'on avait désarmé les officiers. Aux termes de la convention passée avec le Gouvernement suisse, les officiers gardaient leurs bagages, leurs armes et leurs chevaux. Leurs épées leur furent rendues un peu plus tard à Berne.

QUATRIÈME PARTIE
FIN DE LA GUERRE

XV. — *Internement en Suisse.*

L'entrée en Suisse de l'armée de l'Est, dans les conditions fixées par la convention conclue par le général Clinchant avec le Gouvernement fédéral, avait commencé dès le 1er février. Elle s'effectuait presque simultanément par les Verrières-de-Joux, les Fourgs, les Echampés, et par Morez pour l'infanterie de la division Cremer.

L'effectif interné comprenait, au total, 87.000 hommes, 11.000 chevaux, plus de 285 bouches à feu et 1.200 voitures.

L'écoulement, sur ces divers points, de cette malheureuse armée que les combats et, plus encore, les maladies, les fatigues, les privations avaient décimée, présentait un spectacle lamentable dont s'apitoyait la bonne et robuste population suisse, qui y assistait empressée à soulager tant de maux.

Dépouillés de leurs armes, privés de leurs chefs remplacés par des cadres de l'armée suisse, ces hommes, se traînant péniblement et en qui, dans d'étranges transformations des uniformes, on reconnaissait à peine des soldats, se dirigeaient en files interminables vers les lieux d'internement qu'on leur avait affectés.

Après le sommeil réparateur d'une nuit tranquille, la première que nous eussions goûtée depuis longtemps, notre régiment s'éloignait de Ballaigues et se dirigeait par Orbe sur Yverdon, au bord du lac de Neuchâtel. Avec ses coquets chalets aux persiennes vertes, coiffés de grands toits en auvent, la propreté méticuleuse qui règne partout, la ville est d'un aspect fort agréable.

Le colonel Valentin, réduit désormais à une autorité toute morale, réunissait, en arrivant à Yverdon, son corps d'officiers, recommandant à tous de se résigner à l'inévitable, et de partager jusqu'au bout le sort des soldats en ne cherchant point à s'évader pour regagner Lyon.

Le 4 février, la Ire Légion, après avoir côtoyé la rive orientale du lac jusqu'à Estavayer, parvenait à Payerne, ville de trois mille âmes située dans le canton de Vaud, possédant une garnison, où un casernement devait nous recevoir pour la durée de l'internement.

Payerne est construit au bord de la petite rivière la Broye. La rue principale, un peu montueuse, est bordée d'immeubles assez pittoresques, dont plusieurs possèdent des arcades permettant de circuler à l'abri dans la mauvaise saison. L'aspect général est celui des petites villes suisses, avec, aux maisons, les doubles fenêtres ornées des inévitables persiennes vertes égayant des façades toujours entretenues en parfait état. La ville, centre commercial en même temps que chef-lieu militaire, possède d'importantes casernes. Plusieurs églises et temples que signalent leurs clochers aigus très élevés, s'offrent aux pratiques religieuses des habitants, partagés en protestants et catholiques.

Là, comme sur toute l'étendue du territoire fédéral, un accueil extrêmement sympathique était fait aux troupes internées. Il était, semble-t-il, plus cordial encore envers la Ire Légion, dont l'excellente tenue au milieu de la débandade générale, avait frappé la population. C'était, en effet, le premier régiment qu'elle voyait arriver tout organisé, avec ses officiers à leur place et ses soldats ayant, malgré une fatigue extrême, conservé l'ordre et la tenue d'une bonne troupe.

L'impression fait par l'attitude correcte des légionnaires avait été si favorable que, par crainte d'un changement dans les dispositions prises, la Municipalité de Payerne avait adressé au Gouvernement fédéral une demande pour obtenir, comme faveur, de conserver la Ire Légion et ses officiers dans son quartier d'internement. Satisfaction lui fut donnée pour les soldats; mais les conventions internationales s'opposaient, paraît-il, au maintien des officiers auprès de leurs hommes, et ils durent, quelques jours après, quitter Payerne pour Fri-

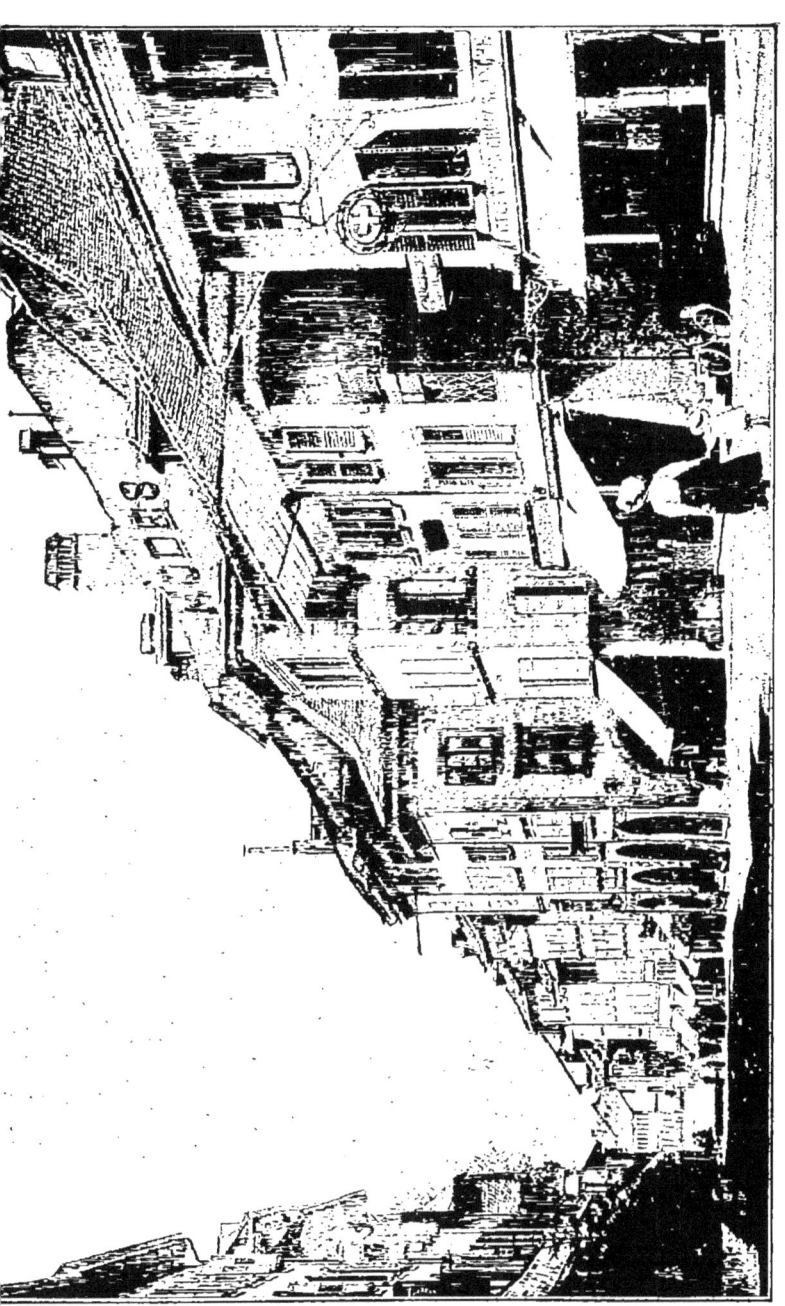

Vue de Payerne.

bourg, distant de dix-huit kilomètres. Dès le lendemain de leur arrivée, les officiers français avaient été reçus en corps, dans un lunch, par les officiers de la garnison suisse qui leur avaient témoigné la plus affectueuse camaraderie.

**

Au cours de la campagne, nos rangs s'étaient bien éclaircis. Des 3.000 hommes composant l'effectif au départ de Lyon, il ne restait, d'après l'appel fait à Payerne pour la remise officielle du régiment aux autorités militaires suisses, que 625 présents, soit 80 % de manquants, tués, blessés, prisonniers ou malades évacués.

Ces 625 légionnaires n'étaient point tous logés à la caserne. En dehors de ceux restés à l'infirmerie ou à l'ambulance, un certain nombre, les plus fatigués ayant besoin d'un repos absolu, avaient été recueillis chez les habitants qui, avec une admirable sollicitude, leur prodiguaient les soins maternels qu'ils eussent donnés à leurs propres enfants.

Ils y étaient, le plus souvent, aidés par d'obligeants et dévoués camarades des malades, se multipliant de leur côté pour apporter quelque soulagement à ceux que la souffrance terrassait. Ce touchant esprit de solidarité fraternelle régnait surtout entre les légionnaires originaires de la ville, et plus d'une solide amitié naquit de ces échanges de services qui sauvèrent plusieurs existences.

*
* *

L'installation dans le casernement réservé à la Ire Légion était assez rudimentaire; mais la nourriture des hommes était suffisante et saine. Ceux qui avaient un peu d'argent amélioraient leur ordinaire, Payerne, renommé pour ses produits de charcuterie, offrant toutes les ressources nécessaires. Les sous-officiers, groupés, vivaient assez bien dans les restaurants de la ville.

Dès la première semaine de février, la température s'était radoucie et le dégel était venu. Un soleil bienfaisant réchauffait enfin nos pauvres corps endoloris qui avaient si longtemps grelotté dans la neige, au milieu des frimas.

Et ce qui constituait le soulagement souverain, c'était ce repos réparateur, cette tranquillité parfaite, détendant nos nerfs surexcités depuis plusieurs mois par l'agitation et les fatigues de la campagne. Plus de marches éreintantes, plus de nuits glacées passées au bivouac sans sommeil, plus d'alertes continuelles, de privations venant aggraver nos souffrances.

Nous reprenions une vie calme et normale, entourés par les habitants d'attentions et de sympathies qui en augmentaient la douceur. Combien nous eussions mieux goûté encore le charme de cette situation, sans la pensée douloureuse de notre défaite et des maux de la patrie!

A présent, nous recevions quelques nouvelles de nos familles, si longtemps alarmées sur notre sort, de notre chère ville de Lyon, où tant d'affections nous attendaient. Des parents avaient même fait le long voyage pour venir réconforter les exilés.

※
* *

Peu à peu, les bronchites disparurent, les maladies plus graves s'atténuèrent en convalescences et, avec le retour à la santé, nous reprîmes doucement le courant de nos habitudes.

Le beau temps aidant, les légionnaires allaient se promener aux alentours, dans les prairies que la disparition de la neige avait découvertes toutes verdoyantes. Ils y cueillaient de jeunes pousses dont ils faisaient de succulentes salades. Il fallut même, pour éviter les dégâts que multipliait par trop leur piétinement continuel de l'herbe nouvelle, limiter les cueillettes à une zone devenant ainsi comme leur jardin.

L'activité revenue avec la santé, on se préoccupa de trouver des distractions. La pêche fut essayée; mais la rivière était trop peu profonde pour être poissonneuse et l'on renonça bien vite aux longues et vaines stations, une gaule à la main, sur les bords de la Broye.

Il y avait bien le jeu de quilles, fort pratiqué

dans le pays; il ne passionnait guère ces bons Lyonnais, qui lui eussent préféré les boules, leur jeu favori. Une belle promenade plantée de grands arbres, faisant suite à la rue principale, offrait pour cet exercice un terrain magnifique. On eut vite trouvé des boules en nombre suffisant, et de grandes parties s'organisèrent. L'intérêt qu'y prenaient les habitants eux-mêmes leur donna le goût de ce jeu, jusque-là inconnu dans la contrée et que, depuis, ils n'ont cessé de pratiquer.

*
* *

Tous les soirs, la retraite était sonnée par les clairons de la garnison suisse, auxquels se joignait un clairon français, celui de ma compagnie, le seul qui restât de notre fanfare. Il était, régulièrement, accompagné d'un petit chien griffon nous ayant suivis durant toute la campagne avec une fidélité touchante. C'était le chien du régiment. Nous l'appelions « Saint-Genis », du nom de notre premier casernement où il avait été trouvé et recueilli. Plusieurs fois, au cours de nos étapes, il s'égara; mais il reconnaissait les légionnaires à leur uniforme, et distinguait d'entre les autres la marche du régiment, à la sonnerie de laquelle il s'empressait d'accourir d'aussi loin qu'il l'entendît. L'intelligente petite bête fut ramenée à Lyon, à notre retour, et finit ses jours chez un légionnaire qui l'avait adoptée.

L'internement comportait l'obligation de ne point nous éloigner, sans autorisation, au delà de cinq kilomètres du lieu fixé aux internés. Toutefois, la surveillance n'était pas d'une extrême sévérité et, au surplus, elle n'eût pu s'exercer efficacement à l'égard des officiers et sous-officiers, vêtus d'habits civils qu'ils s'étaient procurés pour remplacer leurs uniformes en loques. Cela nous permettait, de temps en temps, d'amicales entrevues avec nos chefs internés à Fribourg.

Nous pûmes même, un jour, accomplir, à quelques-uns, une agréable excursion pour visiter Neuchâtel. Partis le matin, de bonne heure, par la diligence d'Estavayer, nous traversions par un brouillard épais le lac, en barque, et abordions sur l'autre rive à une petite gare du chemin de fer devant nous conduire à destination. En pénétrant dans la gare, nous tombons sur un gendarme suisse qui, à la vue d'uniformes français, — deux d'entre nous étaient en tenue, — intervient et menace de nous faire rebrousser chemin. Explications données sur notre intention de regagner Payerne le soir même, le gendarme nous laissa passer et nous pûmes achever notre voyage.

Un des attraits de Neuchâtel réside dans sa superbe promenade plantée de beaux arbres, au bord du lac. A l'arrivée des troupes françaises sur le territoire suisse, on avait utilisé cette promenade pour y parquer de l'artillerie. Dans la nuit qui suivit l'installation du parc, les chevaux affamés, attachés aux arbres, en rongèrent toute l'écorce. La trace de ce ravage récent se constatait sur toute l'étendue de la promenade. Une grande partie des arbres ainsi atteints périrent.

En revenant, le soir, nous retrouvions, à la petite gare où nous descendions pour reprendre notre barque, le bon gendarme du matin, complètement rassuré, maintenant, sur nos projets d'évasion.

*
* *

En même temps que nous, les autorités suisses avaient interné à Payerne de petits détachements appartenant à divers corps de l'armée de l'Est. Parmi eux se trouvaient des tirailleurs algériens, que la rigueur de l'hiver avait fortement éprouvés et dont plusieurs étaient moribonds à l'ambulance. Pour eux, comme pour les nombreux malades de la Légion, la population de Payerne se montrait admirable de commisération et d'attentions généreuses.

Les dames des meilleures familles de la ville visitaient quotidiennement l'hôpital, portant aux blessés et aux malades mille douceurs, les consolant et les réconfortant par leur gracieuse présence.

Mais les épreuves subies, les maux endurés avaient été trop forts, et beaucoup de ces malheureux succombaient. La Ire Légion, plus nombreuse, fournissait naturellement la large part de ce contingent lugubre.

Chaque jour, un détachement de légionnaires accompagnait quelques camarades au champ du repos. Notre unique clairon, marchant en tête du cortège, lançait par intervalles sa longue note plaintive dont l'écho retentissait tristement dans nos cœurs.

Au cimetière de Payerne, par les soins pieux des habitants, un obélisque marque la place où sont ensevelis les soldats français. C'est là que dorment quarante-trois légionnaires morts pendant les trente-cinq jours d'internement.

Notre inactivité nous laissait tout le loisir de suivre avec une anxiété patriotique bien compréhensible, en même temps que les incidents de la guerre, les phases politiques de notre malheureux pays. Les communications postales entre la France et la Suisse étant assurées normalement, nous apprenions par les journaux le résultat des élections du 8 février, pour la constitution d'une Assemblée nationale appelée à se prononcer sur la conclusion de la paix ou la continuation de la guerre.

Ce résultat semblait favorable à la paix, à laquelle aspirait en grande majorité la population française, si terriblement éprouvée depuis le début des hostilités.

Les préliminaires de la paix étaient, en effet, votés par l'Assemblée nationale le 1er mars, dans une mémorable séance où ce vote provoqua l'émouvante démission des représentants des provinces cédées à l'Allemagne.

A partir de ce moment, notre exil ne pouvait se prolonger longtemps, et gagnés par la nostalgie, par le désir de revoir nos familles, nous aspirions à un prompt retour en France.

Enfin, après l'accomplissement des formalités exigées pour notre rapatriement, la Ire Légion quittait le 10 mars la bonne ville de Payerne où elle avait, dans sa détresse, trouvé un si précieux refuge.

Tous les légionnaires s'éloignaient en emportant de cette hospitalité généreuse un souvenir attendri. Ils vouaient du fond du cœur, à l'admirable population suisse qui les avait recueillis, soignés, réconfortés, consolés avec tant de dévouement et d'affection, une reconnaissance infinie à laquelle, après plus de quarante années, les survivants sont restés fidèles, et dont ils n'évoquent jamais la pensée sans une profonde émotion.

XVI. — *Rapatriement et Licenciement.*

La mise en route pour le rapatriement s'effectuait jusqu'à la frontière, sous la conduite des cadres fournis par l'armée fédérale.

D'une première étape, la Légion gagnait la station de Romon, où elle s'embarquait en chemin de fer pour Lausanne. Un grand paquebot du lac de Genève, *Le Bolivar*, la transportait ensuite jusqu'à Genève, d'où elle se dirigeait à pied sur Chambéry qu'elle atteignait le 12 mars.

Le dépôt du régiment, en premier lieu à Lyon, avait été plus tard transféré à Chambéry, pour le recrutement de mobilisés destinés à compléter les effectifs à mesure des besoins. C'est donc là que s'opéra le licenciement de la troupe. Les hommes libérés regagnèrent Lyon par petits détachements.

Quant aux officiers, ils étaient partis de Fribourg en même temps que leurs soldats quittaient Payerne, et on les dirigea sur Bourg, où le service de l'Intendance procéda aux formalités, toujours un peu compliquées en France, qui leur rendaient la liberté.

Ainsi se terminait l'existence de la Ire Légion du Rhône qui, dans la période d'improvisations imposées pour les besoins de la défense nationale, constitua un régiment fortement organisé et discipliné, comme le prouvèrent les combats auxquels elle prit part, et son attitude dans les moments les plus critiques de la campagne.

Composée d'éléments vigoureux animés de la meilleure volonté, elle dut surtout la solidité qui la fit souvent remarquer et lui valut les éloges même de nos ennemis, à son cadre d'officiers supérieurs venant de l'armée active, et à la prévoyance qu'eurent les hommes de ne désigner à l'élection que d'anciens soldats pour les cadres des compagnies.

Dans une lettre au Maire de Lyon, le colonel Celler disait combien il était fier d'être placé à la tête de la Ire Légion. A son tour, le colonel Valentin, dont la valeur technique ne saurait, pas plus que celle de son prédécesseur, être contestée, se déclarait non moins fier d'avoir commandé ce régiment, affirmant que peu de troupes avaient fait davantage. De leur côté, les soldats formés et conduits au feu par de tels chefs gardent la satisfaction d'avoir, sous leurs ordres, rempli consciencieusement et sans défaillance tout leur devoir militaire.

Leur esprit de solidarité les amena, à la suite de la guerre, à se grouper en une association réunissant les divers éléments des Légions du Rhône. Inspirée à la fois de sentiments de philanthropie et du patriotisme le plus sincère, cette association célèbre tous les ans les grandes dates anniversaires d'un passé auquel se rattachent pour elle tant de souvenirs.

ÉPILOGUE

Après le licenciement des troupes improvisées à la création desquelles elle avait, par son aide financière, apporté sa part de collaboration, la Municipalité lyonnaise voulut consacrer le souvenir de leur conduite pendant la guerre en plaçant dans le grand salon de l'Hôtel de Ville, les drapeaux des Légions, ces témoins de nos combats et de nos fatigues.

En 1873, un Préfet de l'ordre moral, poussé par on ne sait quelles basses haines politiques, faisait arracher de leur place d'honneur et brûler ces drapeaux. Cet acte odieux, d'un vandalisme bête, indignait la population tout entière, offensée dans ses sentiments patriotiques et, dès ce moment, germa l'idée de perpétuer par un monument durable, érigé sur une des places de la ville, la mémoire des Lyonnais tombés pour la défense du pays.

Ce monument, dont l'inauguration, le 30 octobre 1887, donna lieu à une cérémonie grandiose inoubliable, se dresse à l'entrée du beau parc de la Tête-d'Or, dans un splendide cadre de verdure. La « France », qui domine le groupe des « Enfants du Rhône », montre la frontière d'un geste superbe, auquel son orientation même prête un caractère de saisissante vérité. La belle œuvre du sculpteur Pagny forme le frontispice de ce livre.

Plus tard, une Société locale, « l'Union patriotique du Rhône », composée d'hommes de cœur, prit la louable initiative de recueillir pieusement les noms des Lyonnais tués sur les champs de bataille de 70, ou décédés au cours de la campagne, et fit graver ces noms sur des tables de bronze scellées, en 1898, dans le vestibule d'entrée du Palais municipal.

Ce double hommage rendu à nos morts rappelle aux générations nouvelles les durs sacrifices que la guerre nationale imposa à leurs aînés ; il reste aussi, pour la jeunesse, un enseignement permanent de ses devoirs sacrés envers la Patrie.

DOCUMENTS ANNEXES

DOCUMENTS ANNEXES

Extrait d'une lettre écrite par le Colonel Celler à M. Hénon, Maire de Lyon, en réponse aux félicitations votées par le Conseil municipal aux Légions après la victoire de Châteauneuf :

Monsieur le Maire,

...Au nom de toute la Légion, j'ai l'honneur de vous remercier, ainsi que le Conseil municipal et les habitants de la ville de Lyon, des félicitations que vous m'avez adressées.

Dites aux Lyonnais qu'ils ont aujourd'hui de vrais soldats pour les défendre. Avec beaucoup de troupes comme les citoyens de la Ire Légion, la République pourrait parler haut dès aujourd'hui.

Je ne saurais trop faire l'éloge de ces hommes qui, dans un mois, se sont rompus à toutes les fatigues et sont devenus les hommes les plus disciplinés, marchant sans demander leur destination, souffrant la faim, le froid et la fatigue sans murmurer.

Voilà, Monsieur le Maire, des troupes que je suis fier de commander, et que je serai heureux de ramener à Lyon, après le succès.

Veuillez agréer, etc.

Nuits, le 11 décembre 1870.

Ordre du jour du Général Clinchant à l'Armée de l'Est

1er février 1871.

Soldats de l'armée de l'Est.

Il y a peu d'heures encore, j'avais l'espoir, j'avais même la certitude de vous conserver à la défense nationale. Votre passage jusqu'à Lyon était assuré à travers les montagnes du Jura.

Une fatale erreur nous a fait une situation dont je ne veux pas vous laisser ignorer la gravité. Tandis que notre croyance en l'armistice, qui nous avait été notifié et confirmé par notre gouvernement, nous recommandait l'immobilité, les colonnes ennemies continuaient leur marche, s'emparant des défilés déjà en nos mains, et nous coupaient ainsi notre ligne de retraite.

Il est trop tard aujourd'hui pour accomplir l'œuvre interrompue : nous sommes entourés par des forces supérieures; mais je ne veux livrer à la Prusse ni un homme, ni un canon. Nous irons demander à la neutralité Suisse l'abri de son pavillon....

Cadre de la 1re Légion du Rhône

ÉTAT-MAJOR

Colonel : CELLER, tué à Nuits, puis VALENTIN.
Chef de bataillon: VALENTIN, promu, puis BARRAUD.
— CLOT, blessé à Nuits, puis VINCENT.
— VÈNE.
Capitaine adjudant-major : BOURGOUGNON, tué à Nuits, puis COSSERAT.
— TORTEL.
— VINCENT, promu, puis HOLFELD.
Capitaine-major : LARGER, promu Intendant, puis DUMOND.
Capitaine-trésorier: FENODOT, tué à Nuits, puis BUC.
Lieutenant d'habillement : BUC, promu, puis N.
Lieutenant porte-drapeau : COSSERAT, promu, puis MOCHEL.
Médecin-major : REYROLLES.
Médecin aide-major : VINCENT (Isidore).
— GROMIER.
— AYELLO.
Adjudant de bataillon : MOTTARD.
— WENGENROTH.
— RIEHL, tué à Nuits, puis PLIZINGER.

Cadre de la 1ʳᵉ Légion du Rhône (suite)

1ᵉʳ BATAILLON

1ʳᵉ Compagnie.

Capitaine : Niel.
Lieutenant: Bayzelon, blessé à Châteauneuf, puis Bertholet.
Sous-lieutenant: Bertholet, promu, puis Clermont.
— Clermont, promu, puis Vapillon.

2ᵉ Compagnie.

Capitaine : Ricci, blessé à Nuits, puis Bon.
Lieutenant : Bridet, tué à Nuits, puis Defournoux.
Sous-lieutenant : Defournoux, promu, puis Savoye.
— Savoyé, tué à Héricourt, puis Bouvard.

3ᵉ Compagnie.

Capitaine : Pelnard, blessé à Nuits, puis Lagrelle.
Lieutenant : Lagrelle, promu, puis Croze.
Sous-lieutenant : Croze, promu, puis Basset.
— Basset, blessé à Arcey, puis Berthet.

4ᵉ Compagnie.

Capitaine : Petit, prisonnier à Nuits, puis Cottgaudin.
Lieutenant : Royer, blessé à Nuits, puis Mayet.
Sous-lieutenant : Henriout, tué à Nuits, puis Mas.

5ᵉ Compagnie.

Capitaine : Jannin.
Lieutenant : Joly.
Sous-lieutenant : Lesage, promu, puis Laroche.

Cadre de la 1re Légion du Rhône (suite)

6e Compagnie.

Capitaine : BARRAUD, promu, puis RAYMOND.
Lieutenant : BON, promu, puis MARÉCHALLAT.
Sous-lieutenant : VISSEL, promu, puis ARMAND.

2e BATAILLON

1re Compagnie.

Capitaine : ETIÉVAN.
Lieutenant : COTTGAUDIN, promu, puis LESAGE.
Sous-lieutenant : GUYOT, promu, puis OVISTE.

2e Compagnie.

Capitaine : MOULY, révoqué, puis DURON.
Lieutenant : DURON, promu, puis LEYDET.
Sous-lieutenant : MERLIN.

3e Compagnie.

Capitaine : GRUFFAT.
Lieutenant : ALUS, blessé, puis DEMONCEAUX.
Sous-lieutenant : CORBON, promu, puis LANDINI.

4e Compagnie.

Capitaine : SUSBIELLE.
Lieutenant : GAGNAGE.
Sous-lieutenant : PINET (Jos.), promu, puis PERRIN,

Cadre de la Ire Légion du Rhône (suite)

5e Compagnie.

Capitaine : Pouvillon.
Lieutenant : Kartscher.
Sous-lieutenant : Pellat, promu, puis Bernard.

6e Compagnie.

Capitaine : Hatier, malade mis à la suite, puis Mayet.
Lieutenant : Barbier.
Sous-lieutenant : Démaroux, prisonnier à Nuits, puis Bouhey.

3e BATAILLON

1re Compagnie.

Capitaine : Dumont, puis Baratin.
Lieutenant : Pattin, tué à Nuits, puis Humbert.
Sous-lieutenant : Humbert, promu, puis Rey.

2e Compagnie.

Capitaine : Lebon.
Lieutenant : Bertrand, tué à Nuits, puis Pinet.
Sous-lieutenant : Valette.

3e Compagnie.

Capitaine : Milloué.
Lieutenant : Baratin, promu, puis Corbon.
Sous-lieutenant : Demonceaux, promu, puis de Monspey.

Cadre de la Iʳᵉ Légion du Rhône (suite)

4ᵉ Compagnie.

Capitaine : Mélon, tué à Nuits, puis Guyot.
Lieutenant : Bellemain, blessé à Nuits, puis Pellat.
Sous-lieutenant : Leydet, promu, puis Mayet.

5ᵉ Compagnie.

Capitaine : Pitrat.
Lieutenant : Thibaud.
Sous-lieutenant : Fontaine.

6ᵉ Compagnie.

Capitaine : Foussemagne, réformé, puis Raymond.
Lieutenant : Raymond, promu, puis Vissel.
Sous-lieutenant : Gabert.

Officiers à la suite.

Hatier, capitaine, malade.
Arnaud, sous-lieutenant.
Boucaud,   —   malade.
Delarbre, —
Pascal,   —

Cadre de la Ire Légion du Rhône (suite et fin)

COMPAGNIE DU GÉNIE

Capitaine en 1er : BERNARD.
    —   en 2e : CARRA.
Lieutenant en 1er : HOLFELD, promu, puis CARRON.
    —   en 2e : CARRON, promu, puis DESMOLINS.

BATTERIE D'ARTILLERIE

Capitaine en 1er : PITRAT (Jean-Pierre).
    —   en 2e : WORMS.
Lieutenant en 1er : PASCAL.
    —   — FLATOT.
    —   en 2e : GOUBIER.

Composition de la Division Cremer

(Campagne de la Côte-d'Or. — Décembre 1870)

Commandant : Général de division CREMER.
Chef d'Etat-Major : Colonel POULLET.

1re Brigade : Lieutenant-colonel GRAZIANI.
32e régiment de marche : Lieutenant-colonel GRAZIANI.
57e régiment de marche : Lieutenant-colonel MILLOT.

2e Brigade : Colonel CELLER..
1re légion du Rhône : Colonel CELLER.
2e légion du Rhône : Colonel CHABERT.
Trois compagnies chasseurs volontaires du Rhône : Commandant MARENGO.
Une compagnie volontaires libres du Rhône : Lieutenant JOLY.

ARTILLERIE : Commandant CAMPS. Une batterie de 9 Armstrong, deux batteries de 4 de campagne.

GÉNIE : Une compagnie 1re légion, une compagnie 2e légion.

CAVALERIE : Un peloton (17 hommes) d'éclaireurs à cheval, 40 gendarmes.

Composition de l'Armée de l'Est [1]

Commandant en chef : Général de division BOURBAKI.
Chef d'Etat-Major général : Général de division BOREL.
Commandant de l'artillerie : Général de brigade DE BLOIS DE LA CALANDE.
Commandant du génie: Général de brigade SÉRÉ DE RIVIÈRES.
Intendant en chef : Intendant général FRIANT.

15e CORPS D'ARMÉE

Commandant : Général de division MARTINEAU DES CHENEZ.
Chef d'Etat-Major : Lieutenant-colonel DES PLAS.

1re Division d'infanterie : Général D'ASTUGUE.

1re Brigade : Général MINOT.
1er zouaves de marche : Lieutenant-colonel PARRAN.
12e mobiles (Nièvre) : Lieutenant-colonel VÉNY.
Bataillon de la Savoie : Commandant COSTA DE BEAUREGARD.

2e Brigade : Général QUESTEL.
4e bataillon de marche de chasseurs à pied.
Régiment de tirailleurs algériens : Lieutenant-colonel CAPDEPONT.
18e mobiles (Charente) : Lieutenant-colonel D'ANGÉLYS.
ARTILLERIE : Trois batteries de 4, une de mitrailleuses et une de 4 de montagne.

---

[1] *Histoire générale de la guerre franco-allemande*, par le commandant Rousset.

2ᵉ **Division d'infanterie** : Général REBILLARD.

1ʳᵉ Brigade : Général LECAMUS.
5ᵉ bataillon de marche de chasseurs à pied : Commandant BOUDET.
39ᵉ régiment de ligne : Colonel MESNY.
Légion étrangère : Lieutenant-colonel CANAT.
25ᵉ mobiles (Gironde) : Lieutenant-colonel D'ARTIGOLLES.

2ᵉ Brigade : Général CHOPPIN-MEREY.
2ᵉ zouaves de marche : Lieutenant-colonel CHEVALIER.
30ᵉ régiment de marche : Lieutenant-colonel GODIN.
29ᵉ mobiles (Maine-et-Loire) : Lieutenant-colonel ARNOUS-RIVIÈRE.

ARTILLERIE : Deux batteries de 4, une de mitrailleuses.

3ᵉ **Division d'infanterie** : Général PEYTAVIN.

1ʳᵉ Brigade : Général JACOB DE LA COTTIÈRE.
6ᵉ bataillon de marche de chasseurs à pied : Commandant REGAIN.
16ᵉ régiment de ligne : Lieutenant-colonel BÉHAGUE.
1ᵉʳ bataillon du 33ᵉ régiment de marche.
33ᵉ mobiles (Puy-de-Dôme) : Lieutenant-colonel SERSIRON.

2ᵉ Brigade : Général MARTINEZ.
27ᵉ régiment de marche : Lieutenant-colonel PÉRAGALLO.
34ᵉ régiment de marche : Lieutenant-colonel AUDOUARD.
69ᵉ mobiles (Ariège) : Lieutenant-colonel ACLOCQUE.

ARTILLERIE : Deux batteries de 4, une de mitrailleuses.

Division de cavalerie : Général de LONGUERUE.

1ʳ Brigade : Général N....
11ᵉ chasseurs : Général BALLENCOURT.
6ᵉ dragons : Colonel DE VILLERS.
6ᵒ hussards : Colonel POLINIÈRE.

2ᵉ *Brigade :* Général de Boério.
1ᵉʳ chasseurs de marche : Colonel Rouher.
9ᵉ cuirassiers : Colonel de Vouges de Chanteclair.

3ᵉ *Brigade :* Général Tillon.
5ᵉ lanciers : Colonel Gayraud.
1ᵉʳ cuirassiers de marche : Colonel de Renusson d'Hauteville.

Réserve d'artillerie : Quatre batteries de 8 (Reffye); quatre batteries de 4 à cheval; deux batteries de mitrailleuses; deux batteries de 4 de montagne.

18ᵉ CORPS D'ARMÉE

Commandant : Général de division BILLOT.
Chef d'Etat-Major : Colonel Gallot.

1ʳᵉ Division d'infanterie : Général Feillet-Pilatrie.

1ʳᵉ Brigade : Colonel Leclaire.
9ᵉ bataillon de marche de chasseurs à pied: Commandant N...
42ᵉ régiment de marche : Lieutenant-colonel Couston.
19ᵉ mobiles (Cher) : Lieutenant-colonel de Choulot.

2ᵉ Brigade : Général Robert.
44ᵉ régiment de marche : Lieutenant-colonel Achilli.
73ᵉ mobiles (Loire et Isère) : Lieutenant-colonel de Raucourt.

Artillerie : Deux batteries de 4.

2ᵉ Division d'infanterie : Contre-amiral Penhoat.

1ʳᵉ Brigade : Colonel Perrin.
12ᵉ bataillon de marche de chasseurs : Commandant Villeneuve.
52ᵉ régiment de marche : Lieutenant-colonel Quénot.
77ᵉ mobiles (Tarn, Allier, Maine-et-Loire) : Lieutenant-colonel de Labro.

2e *Brigade* : Général Perreaux.
92e régiment de ligne : Lieutenant-colonel Trinité.
Régiment d'infanterie légère d'Afrique (2 bataillons) : Lieutenant-colonel Gratreaud.

Artillerie : Trois batteries de 4.

3e Division d'infanterie : Général Bonnet.

1re *Brigade* : Général Goury.
4e zouaves de marche : Colonel de Boisfleury.
81e mobiles (Charente-Inférieure, Cher, Indre) : Lieutenant-colonel Renaud.

2e *Brigade* : Lieutenant-colonel Brémens.
14e bataillon de marche de chasseurs : Commandant Bonnet.
53e régiment de marche : Lieutenant-colonel Brenières.
82e mobiles (Charente, Var, Vaucluse) : Lieutenant-colonel Homey.

Artillerie : Trois batteries de 4.

Division de cavalerie : Général de Brémond d'Ars.

1re *Brigade* : Général Charlemagne.
2e hussards de marche : Lieutenant-colonel de Pontis.
3e lanciers de marche : Lieutenant-colonel Renaudot.

2e *Brigade* : Général Hainglaise.
5e dragons de marche : Lieutenant-colonel d'Ussel.
5e cuirassiers de marche : Lieutenant-colonel de Brécourt.

Réserve d'artillerie : Commandant Rossigneux. — Deux batteries de 12; deux batteries de 4; deux batteries de mitrailleuses; une batterie de 4 de montagne.

20ᵉ CORPS D'ARMÉE

Commandant : Général de division CLINCHANT.
Chef d'Etat-Major : Colonel du génie VARAIGNE.

1ʳᵉ Division d'infanterie : Général DE POLIGNAC.

1ʳᵉ Brigade : Lieutenant-colonel GODEFROY.
85ᵉ régiment de ligne : Lieutenant-colonel GODEFROY.
55ᵉ mobiles (Jura) : Lieutenant-colonel DE MONTRAVEL.
11ᵉ mobiles (Loire) : Lieutenant-colonel POYETON.

2ᵉ Brigade : Général BRISAC.
67ᵉ mobiles (Haute-Loire) : Lieutenant-colonel N....
4ᵉ bataillon de mobiles (Saône-et-Loire).
24ᵉ mobiles (Haute-Garonne) : Lieutenant-colonel DE SARME-JANE.
Francs-tireurs du Haut-Rhin : Commandant DE LUPPÉ
Deux batteries de 4; un escadron du 2ᵉ lanciers de marche; une compagnie du génie.

2ᵉ Division d'infanterie : Général de brigade THORNTON.

1ʳᵉ Brigade : Général DE SEIGNEURENS.
23ᵉ bataillon de chasseurs à pied de marche : Commandant BAILLY.
34ᵉ mobiles (Deux-Sèvres) : Lieutenant-colonel ROUGET.
2ᵉ bataillon mobiles (Savoie) : Commandant DUBOIS.

2ᵉ Brigade : Colonel VIVENOT.
3ᵉ zouaves de marche : Lieutenant-colonel BERNARD.
68ᵉ mobiles (Haut-Rhin) : Lieutenant-colonel DOLLFUS.
7ᵉ régiment de chasseurs à cheval : Colonel DE RICAUMONT.
Deux batteries de 4. Une compagnie du génie.

3ᵉ Division d'infanterie : Général SÉGARD.

1ʳᵉ Brigade : Colonel DUROCHAT.
47ᵉ régiment de marche : Colonel N....
Mobiles de la Corse : Lieutenant-colonel PARRAN.

2e *Brigade* : Colonel S<small>IMONIN</small>.
Un bataillon du 78e de ligne : Lieutenant-colonel B<small>ARRIER</small>.
58e mobiles (Vosges, 2 bataillons): Lieutenant-colonel M<small>ULLER</small>.
Mobiles (Pyrénées-Orientales, 2 bataillons).
Mobiles (Meurthe, 1 bataillon).
Francs-tireurs Comtois, de l'Allier, du Puy-de-Dôme, de Cannes, de Nice; 6e cuirassiers de marche.
Deux batteries de 4. Une compagnie du génie.

R<small>ÉSERVE D'ARTILLERIE</small> : Trois batteries de 12.

24e CORPS D'ARMÉE

Commandant : Général de division BRESSOLLES.
Chef d'Etat-Major : Lieutenant-colonel T<small>ISSIER</small>.

1re Division d'infanterie : Général <small>D</small>'A<small>RIÈS</small>.

1re Brigade : Lieutenant-colonel D<small>ESVEAUX DU</small> L<small>IF</small>.
15e bataillon de marche de chasseurs à pied.
63e régiment de marche : Colonel N....

2e *Brigade* : Lieutenant-colonel <small>D</small>'O<small>LLONNE</small>.
Trois bataillons de mobiles (Haut-Rhin, Haute-Garonne, Tarn-et-Garonne).

A<small>RTILLERIE</small> : Deux batteries de 4.

2e Division d'infanterie : Général T<small>HIBAUDIN</small>.

1re Brigade : Lieutenant-colonel I<small>RLANDE</small>.
21e bataillon de marche de chasseurs à pied : Commandant H<small>ERMIER</small>.
60e régiment de marche : Lieutenant-colonel J<small>OUNEAU</small>.
61e régiment de marche : Lieutenant-colonel D<small>AURIAC</small>.

2e *Brigade* : Lieutenant-colonel Bramas.
14e mobiles (Yonne) : Lieutenant-colonel Bramas.
87e mobiles (Lozère, Tarn-et-Garonne) : Lieutenant-colonel Bordier.

Artillerie : Deux batteries de 4 et une de montagne.

3e Division d'infanterie : Général Carré de Busserolle.

1re légion de marche du Rhône: Lieutenant-colonel Valentin.
2e légion de marche du Rhône : Lieutenant-colonel Chabert.
89e mobiles (Var et Gironde) : Lieutenant-colonel Maréchal.
4e bataillon mobiles de la Loire : Commandant Chalus.
7e régiment de cavalerie mixte : Lieutenant-colonel Droz.
Deux batteries de 4, une de montagne.

Réserve d'artillerie : Quatre batteries de 12; une batterie à cheval; une batterie de montagne.

Division indépendante.

Commandant : Général de division CREMER.
Chef d'Etat-Major : Colonel Poullet.

1re *Brigade* : Colonel Millot.
Bataillon mobiles de la Gironde : Commandant de Carayon-Latour.
32e régiment de marche : Lieutenant-colonel Reboulet.
57e régiment de marche: Lieutenant-colonel Champcommunal.

2e *Brigade* : Général Carol-Tevis.
Francs-tireurs vendéens : Comandant Koziell.
83e mobiles : Lieutenant-colonel Puech.
86e mobiles : Lieutenant-colonel Cadot.

Artillerie : Une batterie de 9 Armstrong; deux batteries de 4 de campagne; deux batteries de 4 de montagne.

Génie et cavalerie : Une compagnie du génie; un peloton d'éclaireurs à cheval.

Réserve Générale

Commandant : Général PALLU DE LA BARRIÈRE.

Brigade d'infanterie.

38 régiment de ligne : Lieutenant-colonel COURTOT.
29ᵉ régiment de marche : Lieutenant-colonel CARRÉ.
Régiment de marche d'infanterie de marine : Lieutenant-colonel COQUET.

Brigade de cavalerie : Général DE BOÉRIO.

2ᵉ chasseurs d'Afrique de marche : Lieutenant-colonel GAUME.
3ᵉ dragons de marche : Lieutenant-colonel DURDILLY.

ARTILLERIE : Trois batteries de 8.

GÉNIE : Une section.

LA MÉDAILLE COMMÉMORATIVE

Après avoir consacré par des monuments élevés sur nos champs de bataille et dans nos villes, le souvenir de la campagne de la défense nationale, la France a voulu qu'un témoignage de leur participation au grand effort patriotique de la nation fût décerné aux anciens combattants.

C'est dans ce but que la médaille de 1870 a été instituée par une loi du 9 novembre 1911.

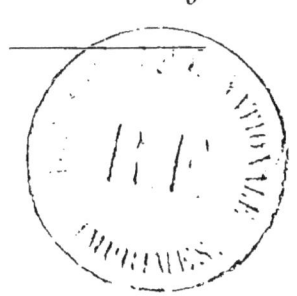

TABLE DES MATIÈRES

	Page
Préface	5

Première Partie. — *Formation et départ.*

I. — Lyon. — Saint-Genis.	1
II. — Villefranche. — Triple exécution	16

Deuxième Partie. — *Campagne de la Côte-d'Or.*

III. — Camp de Chaudenay. — Escarmouche vers Saint-Jean-de-Losne. — Besançon. — Dôle. — Beaune.	23
IV. — Le général Cremer	35
V. — Chansons de route. — Combat de Châteauneuf.	41
VI. — Séjour à Beaune. — Marche vers Dijon	54
VII. — Combat de Nuits	60
VIII. — Retraite sur Chalon	85

Troisième Partie. — *Campagne de l'Est.*

IX. — De Saint-Ferjeux à Abbenans	101
X. — Combat de Villersexel	104
XI. — Secenans et Crevans	114
XII. — Combat d'Arcey.	120
XIII. — Bataille d'Héricourt.	126

	Pages
XIV. — Retraite de l'armée de l'Est...........	155
Départ d'Héricourt.................	155
Lantenans. — Rendevillers. — Fuans......	161
Morteau. — Pontarlier..............	175
Echauffourée de Vaux...............	178
Dernière phase de la retraite...........	184

QUATRIÈME PARTIE. — *Fin de la guerre.*

XV. — Internement en Suisse................	191
XVI. — Rapatriement et licenciement...........	208
Epilogue.	211
Documents annexes............	215
La médaille commémorative.......	235

Marc Imhaus et René Chapelot, imprimeurs, Nancy et Paris

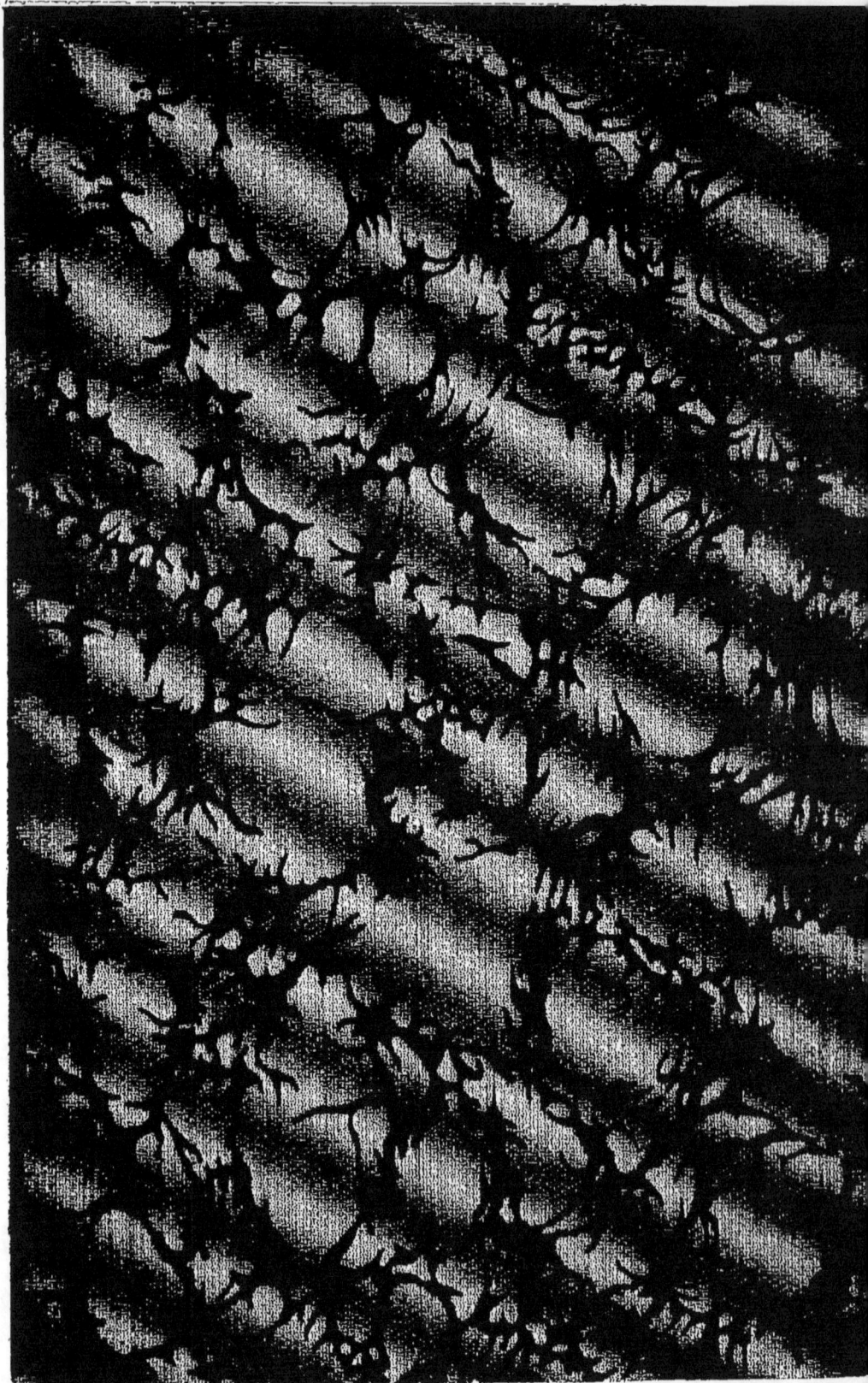

www.ingramcontent.com/pod-product-compliance
Lightning Source LLC
Chambersburg PA
CBHW070618170426
43200CB00010B/1832